Maximilian Emil Wittmann

Marschner

Maximilian Emil Wittmann

Marschner

ISBN/EAN: 9783744602150

Hergestellt in Europa, USA, Kanada, Australien, Japan

Cover: Foto ©ninafisch / pixelio.de

Weitere Bücher finden Sie auf **www.hansebooks.com**

Musiker-Biographien.

Zwanzigster Band:

Marschner.

Von

Dr. Maximilian Emil Wittmann.

Leipzig.

Druck und Verlag von Philipp Reclam jun.

Alle Rechte vorbehalten.

Dr. Maximilian Emil Wittmann.

Biographie Marschners

von

Dr. Maximilian Emil Wittmann.

Vorwort.

Vorliegende Arbeit bringt zum erstenmal eine ausführliche Darstellung von Heinrich Marschners Leben und Wirken. Unter sorgfältiger Benutzung der mir zugänglichen Quellen und zahlreichen, zur Einsicht vorliegenden Originalbriefen habe ich ein möglichst getreues Lebensbild des großen Tondichters zu entwerfen gesucht. Zu Dank bin ich Herrn Batka, Archivar der Kgl. Freistadt Preßburg verpflichtet, der mir über Marschners Aufenthalt in Ungarn sowie über seine daselbst geschlossenen Ehen völlig neues überraschendes Material lieferte. Auch hat sich die Firma Friedrich Hofmeister, Leipzig, durch die freundliche Überlassung von weit über hundert Originalbriefen Marschners um diese Arbeit Dank verdient, den ich hiermit gern ausspreche. Vielen Dank ferner meinem lieben Freunde, Herrn cand. rev. min. Felix Bartholdy, dessen Güte mir die für die Kunde über Marschners Familienleben so äußerst wichtigen, bisher unveröffentlichten Briefe aus der Zittauer Stadtbibliothek vermittelte. Sämtliche gegebene Daten dürfen auf Grund dieser Urkunden auf historische Genauigkeit Anspruch erheben.

Möge die kleine Arbeit eine freundliche Aufnahme finden und dazu helfen, dem deutschen Volke das Andenken an einen seiner besten Sänger wach zu erhalten.

Dr. M. E. Wittmann.

Einleitung.

Wie in der Dichtkunst, so finden wir auch in der Musik der sogenannten klassischen Periode die romantische gegenüberstehen als künstlerische Kundgebung eines Geschlechtes, das der lediglich kritisch beleuchtenden und zersetzenden Verstandesthätigkeit der Aufklärung überdrüssig, unbefriedigt von der schalen Wirklichkeit und platten Nüchternheit seiner Zeit, sich in heißer Sehnsucht nach etwas Besserem und Höherem in die Welt der Ahnungen, Träume und Visionen flüchtete, um dort wenigstens ungestört seinen idealen Gefühlen und Neigungen nachhängen zu können. Diese Scheinwelt ward verschönt und belebt durch eine rastlos geschäftige Phantasie, der die reale Welt schließlich nur als bloßes Spielwerk diente, „ihr geliehen, um zu verwandeln sie in bunte Träume". In der von Natur zur Reflexion geneigten und aufs Innere gerichteten Charakteranlage der nordischen Völker sehen wir dies Streben, sich in ein subjektives Empfindungsleben zu versenken, besonders auftreten. Und vornehmlich in Deutschland erblühte die Wunderblume der Romantik, welche zunächst in der lyrischen Dichtung Wurzel faßte und auf diesem Gebiete „herrliche Blüten von tiefer, warmer und leuchtender Farbenfülle und feinem oft eigenartigen Dufte erzeugte".

Vorbereitend und dieser Periode den Weg ebnend war die völlige Veränderung des Naturempfindens gewesen. Namentlich Rousseau war es, der durch seine Werke im modernen Menschen das Verständnis für die Schönheit und Erhabenheit der Natur weckte und förderte. Und nichts stimmte

so sehr wie dies zu dem namenlosen innigen Sehnen, zu den
träumerisch schmerzlichen Stimmungen, in die sich das Ge=
schlecht jener Periode zu versenken liebte. Auch das Rauhe,
furchtbar Erhabene der Naturerscheinungen lernte man im=
mer mehr als Schönheit begreifen. Je mehr aber das Em=
pfinden eines tief verborgenen Zusammenhanges des Geistes
und dieser scheinbar leblosen Natur erwachte, desto entschie=
dener trat das Gefühl des Dämonischen, des Unheimlich=
Gespenstischen in den Mittelpunkt der Schöpfungen jener Zeit.

Als in Deutschland mit Ludwig Tieck die Romantik in
der Poesie zum völligen Durchbruch kam, suchte und fand sie
bald eine ebenbürtige Musik, wie denn, wie Petrich hervor=
hebt, der Inhalt aller romantischen Dichtungen dieser Pe=
riode eine fortlaufende Huldigung der Poesie, dargebracht
vor dem Throne der Musik, sind.

Am spätesten fand die Romantik ihren Eingang in das
dramatisch=musikalische Gebiet, trotzdem die Bühne schon
ihrem Wesen nach einen Gegensatz zur realen Welt darstellt
und zur Veranschaulichung des Übersinnlichen geeignet ist.
Hier konnte man die halbgottähnlichen Heldengestalten, die
lieblich=duftigen Erscheinungen der deutschen Sagenwelt in
idealer und doch lebensvoller Weise zur Darstellung bringen;
hier konnte man eine Welt der Wunder, des Zaubers und
der Geheimnisse in ihrer ganzen phantastischen Schönheit er=
stehen lassen. Es sind drei Meister, die dieser Anregung
nachgaben und sie künstlerisch verwerteten: Spohr, Weber
und Marschner. Sie sind als Schöpfer und Repräsentanten
der romantischen Oper zu bezeichnen. Eine herrliche Trias
bilden diese drei Namen; drei funkelnde Edelsteine im Ring
der deutschen Operndichtung, von denen jeder kostbar und un=
ersetzlich in sich selbst, dazu dient, den Glanz des andern zu
erhöhen. Strahlt auch das Licht des Mittleren am hellsten,
so bleibt doch auch den beiden andern ihre selbständige Schön=
heit, ihr eigentümlicher Wert ungeschmälert.

Gerade Marschner, der jüngste der drei Meister, ist es,

der in seinen Werken dem dämonischen Element mit einer Meisterschaft Ausdruck verleiht, die ihn zum Vorläufer der Tragik auf dem Gebiete des musikalischen Dramas macht. Als solcher wird er immer zu gelten haben. In diesem Sinne dürfen wir ihn auch als einen Tondichter nennen, der auf die künstlerische Entwickelung Wagners nicht ohne Einfluß war. Wir erinnern an den in Dichtung und Musik Marschner so nahestehenden „Fliegenden Holländer". Wagner bekannte auch jederzeit gern seine außerordentliche Hochachtung und lebhafte Teilnahme für Marschner und die Erzeugnisse seiner Kunst.

Mit dem Leben und Wirken dieses Mannes sollen sich die folgenden Blätter beschäftigen.

Heinrich Marschner.

Kindheit und Jugendzeit 1795—1816.

Die sangesfrohe sächsische Oberlausitz nennt Heinrich Marschner seine Heimat. In Zittau erblickte er am 16. August 1795 das Licht der Welt. Bei Anlaß der Feier des Dresdener Hoftheaters zu Marschners hundertstem Geburtstage im Jahre 1895 ist authentisch aus dem Kirchenbuch Zittaus das Jahr 1795 (nicht 1796) als Marschners Geburtsjahr festgestellt worden.

Das Blatt Nr. 292 vom Jahre 1795 lautet:

Gebohren den 16. Aug. Abends um 10 Uhr, getauft den 17. cr.

Der Vater: **Franz Otto Marschner**, Bürger und Hornbreßler allh.
Die Mutter: **Frau Christiana Gottliebe**, geb. Cassel.
Das Kind: **Heinrich August.**
Die Pathen: T. d. Dem.: Christiana Theresia T. d. H. Christian Friedrich Krobels, vornehmen Brauberechtigten Bürgers, Kauf- und Handelsherrn auch Deput: Er: Löbl. Kaufmanns-Societat allhier Demois: Tochter. T. d. Herr Carl Gottlob Eichler, vornehmer Bürger auch Kauf- und Handelsherr allhier. T. d. H. Carl Philipp Noack, vornehmer Brauberechtigter Bürger, wie auch Materialiste allhier.

Es war ein enges graues dreifenstriges Giebelhäuschen mit einem hohen Ziegeldach, in dem das Kind, dessen Lieder und Melodien einst noch ganz Deutschland entzücken sollten, geboren wurde. Ein Häuschen, nicht viel größer als das, in welchem Schiller zur Welt kam, freundlich und sauber, mit der Aussicht auf einen Obstgarten. Es steht heute noch, ganz in der Nähe des schönen neuen Zittauer Rathauses. Nur die Straße, an der es liegt, hat einen anderen Namen erhalten: Reichenbergerstraße 5 (früher war es Fleischergasse Nr. 574). Marschners in ziemlich guten Verhältnissen lebender Vater war aus dem nahen Böhmen eingewandert und betrieb die Hornbrechslerei, in der er den Ruf eines tüchtigen geschickten Meisters genoß. Nebenbei war er ein recht guter Musiker; er leitete die Kapelle des Bürgerschützen= corps und spielte sehr hübsch die Flöte; auch auf der Harfe war er Meister und erteilte vielen Damen der Stadt und Umgegend Unterricht im Harfenspiel. Alle seine Musestun= den widmete er der geliebten Musik und so wurde das be= scheidene Elternstübchen für Heinrich Marschner zum Tempel, in dem sich dem im Kinde schlummernden Genius zum er= stenmal die himmlische Welt der Töne erschloß. Bald hatte das kundige Ohr des Vaters die sich schon früh zeigende Be= gabung seines geliebten August (so wurde der Knabe ge= rufen, erst als Künstler nannte er sich Heinrich), seine be= merkenswerte Fähigkeit, Melodien zu behalten, sein feines musikalisches Gehör und seine überaus schöne, immer mehr an Umfang gewinnende Sopranstimme entdeckt. Soweit es in seinen Kräften stand, förderte er zunächst selbst Heinrichs Talent, ohne freilich zu ahnen, welch wichtigen Platz die Musik einst im Leben seines Sohnes einnehmen sollte. Für Marschner sen. kam die Musik als Lebensberuf nicht in Be= tracht. Vielmehr setzte der ehrsame Hornbrechslermeister sei= nen Stolz darein, den auch in der Schule leicht fassenden aufgeweckten Knaben einen Rechtsgelehrten werden zu lassen. Freilich versäumte er dabei auch keineswegs die sorgfältige Ausbildung Heinrichs musikalischer Begabung und ließ ihm schon in seinem sechsten Lebensjahr Klavierunterricht erteilen. Vorerst erfreuten sich nur die Eltern und Freunde des Hauses an den schönen raschen Fortschritten des Knaben. Doch bald wurde man auch in der Öffentlichkeit auf Jung-Marschners Talent aufmerksam. Als er mit neun Jahren am 27. November 1804 in die Quinta des Gymnasiums seiner Vaterstadt eintrat, stand der Sängerchor dieser Anstalt gerade unter der Leitung des jugendlichen Friedrich Schneider. Schneider, der selbst noch die oberste Klasse des Gymnasiums besuchte, war infolge seiner hervorragenden musikalischen Begabung, die ihn schon eine Menge kleinerer Sachen hatte komponieren lassen, zum Kirchensänger und Chorpräfekt ernannt worden. Er bezog 1805 die Universität Leipzig, wo er nach einem gediegenen Unterricht bei Schicht als Musikdirektor und Organist an die Kirche St. Thomae berufen und später nach seinem Hauptwerke unter dem Namen „Der Weltgerichtsschneider" hochberühmt wurde. Dieser hatte das in seinem Chor so verwendbare Talent Heinrichs sofort herausgefunden und ließ ihm, so lange er noch in Zittau weilte, so sorgfältige Pflege angedeihen, daß der kleine Marschner bald im stande war, Bachsche Motetten vom Blatt zu singen. So schwang er sich durch Fleiß und Begabung bald zur Würde eines Konzertisten auf und fand in Kirchen und Konzerten seiner Vaterstadt, wo nach Marschners eigener Aussage der Frau Musika eifrigst gehuldigt wurde, genug Gelegenheit, sich rühmlich auszuzeichnen. Die Überlieferung, daß der bekannte Komponist und Organist Bergt ihn bei einer solchen Gelegenheit gehört und veranlaßt habe, nach Bautzen zu gehen, wird mit der Begründung bekämpft, daß Bergt, der als Musikdirektor am Lehrerseminar zu Bautzen mit dem Sängerchor des Gymnasiums gar nichts zu thun hatte, auch kein Interesse gehabt hätte, Marschner nach Bautzen zu ziehen, wenn er sich seiner musikalischen Ausbildung nicht annehmen wollte. Nun schreibt aber Marschner selbst in seiner kurzen, leider nur bis zum Jahre 1824 reichenden Selbstbiographie: „Meine Stimme war Ursache, daß ich durch des bekannten Komponisten Bergts Vermittelung, in dessen Oratorien und unter deſſen Leitung ich mehrmals zu ſeiner Zufriedenheit geſungen hatte, nach Bautzen als Konzertiſt im daſigen Chor berufen ward, welches für meine Stimme, die man nicht genug benutzen zu können glaubte, weniger von Nutzen als für meine Schulbildung war, da auf dem Bautzener Gymnaſium der Schüler nicht allein durch gute Lehrer, ſondern auch durch ſtrenge Anhaltung zum Lernen in ſeinem Wiſſen gefördert wurde. Mit dem Verluſt meiner Stimme verlor ich Stelle und — Einkommen, wodurch ich genötigt ward, in meine Vaterſtadt in die Arme meiner Mutter wieder zurückzukehren. Jetzt gewann ich zwar mehr an Zeit für meine Studien — aber auch weniger für den Magen." Hiermit iſt alſo als feſtſtehend zu betrachten, daß Marſchner durch Bergt — und zwar im Jahre 1808, wie die Zittauer Chorbücher ausweiſen — einen Ruf an den Bautzener Kirchenchor erhielt und in demſelben Jahre im Herbſt auf das Zittauer Gymnaſium zurückkehrte. In Bautzen waren die Choriſten mit Hilfe der Mättigſchen Stiftung beſſer als in Zittau beſoldet und hatten zum Teil freie Wohnung inne. Warum war alſo wohl Bergt, der ſich thatſächlich nichts um Marſchners muſikaliſche Weiterbildung kümmerte, ihm zu jener Stellung, die ihn aus dem Elternhauſe fortführte, behilflich geweſen? Und wie kam der kleine Marſchner dazu, ſchon in ſo früher Jugend mit für ſeinen Unterhalt ſorgen zu müſſen? Nicht ohne Grund bemerkt er in obigen Worten ausdrücklich, daß er von Bautzen in die Arme ſeines geliebten Mütterleins zurückkehrte. Es vollzog ſich um dieſe Zeit in ſeinem Elternhauſe das traurige Ereignis, das auf Marſchners ganze Jugend einen trüben Schatten warf. Der frühere eheliche Friede war gewichen. Sein Vater hatte ein Verhältnis mit einem Mädchen angeknüpft. Dies führte zur Scheidung der Eltern. Der Sohn ſchloß ſich um ſo inniger an die Mutter an. Darum hieß es aber auch ſo früh: Selbſt verdienen! Der Vater, von dem ſich ſeine Freunde und Bekannten immer mehr zurückzogen und der deshalb bald

in drückende Verhältnisse geriet, zog im Jahre 1810 nach
Rotenburg an der Neiße, wo er eine Pachtung übernahm
und in hohem Alter verstarb. Später trat Marschner, der
überhaupt ein sehr liebevoller Sohn war, auch zu ihm wieder
in ein gutes Verhältnis. Damals aber aus seiner glück=
lichen Kinderharmlosigkeit gewaltsam herausgerissen, zog sich
der feinempfindende Knabe scheu von seinen Schul= und
Altersgenossen zurück, so daß er bald in den Verdacht ein=
gebildeten und vornehmen Wesens kam. Er aber wandte
seinen ganzen Eifer der Pflege der Musik zu. Sein musika=
lisches Talent suchte sich selbst Bahn zu brechen und sein
Arbeitstischchen, auf das er seine musikalischen Gedanken zu=
weilen niederschrieb, war voller Noten.

Der Genius begann, wenn auch noch unbeholfen und
ungeschickt, die jugendlichen Schwingen zu regen. Sein feines
musikalisches Gehör als einzigen Lehrmeister, lediglich den
Gesetzen des Wohllauts folgend, schrieb Marschner seine mu=
sikalischen Ideen nieder, so daß aus jener Zeit schon eine
ganze Anzahl Lieder, Motetten, Rondos und Sonaten her=
rührt. Ja der junge Wagehals verstieg sich sogar bis zu
einem Ballett, das auch richtig in Zittau zur Aufführung
kam. Von den Honoratioren des Ortes sollte nämlich eine
größere Festlichkeit veranstaltet werden und da gerade eine
wandernde Theatergesellschaft mit ihrem Direktor Namens
Butenop in Zittaus Mauern weilte, gedachte man dem Fest
durch eine Theatervorstellung noch einen besonderen Reiz zu
geben. Unser junger Künstler, der ohne tiefere Kenntnis des
Instrumental= und Partiturwesens ein Ballett „Die stolze
Bäuerin" geschrieben hatte, reichte dem Direktor dies sein
Erstlingswerk zur Aufführung ein. Butenop war gleich be=
reit, diese wirkliche Novität als Zugkraft zu benützen und
sicherte dem doch etwas ängstlichen Autor gern den Schutz
der Anonymität zu. Als es zur Probe kam, schlich der junge
Komponist klopfenden Herzens in einen entfernten Winkel
um zu lauschen, wie alles zusammenklingen werde. Melodie

und Rhythmus waren auch ganz gut. Auf einmal trat aber eine Pause ein und voller Schrecken hörte der junge Marschner einen ihm wohlbekannten Hornisten ausrufen: „Welcher Esel hat denn das komponiert? Das ist doch auf dem Horn gar nicht zu blasen!" Weiter vernahm er nichts — eine Ohnmacht hatte seine Sinne umfangen. Und so hörte er leider auch nicht mehr, daß der Dirigent den Hornisten einfach anwies, die Stelle eine Oktave höher zu blasen, und daß die Probe ihren ungestörten Fortgang nahm. Als Marschner in seinem Versteck wieder erwachte, war die Probe zu Ende, das Haus leer und spornstreichs eilte er nach Hause, um — in ein hitziges Nervenfieber zu verfallen, das ihn sieben Wochen ans Bett fesselte. Falsche Hörner spielten in den Fieberphantasien, die ihn ängstigten, die größte Rolle. Nach seiner Genesung hörte er zu seiner Freude, daß sein Ballett den Beifall des Publikums errungen habe. Später wurde es von Marschner sorgfältig überarbeitet und oft in verschiedenen Städten mit Erfolg gegeben.

Die scharfe Kritik jenes Hornisten hatte doch auch das Gute zur Folge, daß sie den jungen Tonkünstler zu genaueren Orchesterstudien antrieb. Er fing unter Leitung des Oberlehrers Hering an, sich über Natur und Umfang der Instrumente theoretisch und praktisch sorgsam zu unterrichten und schon während seiner langsam fortschreitenden Genesung studierte er einige von dem ausgezeichneten Dilettanten Kaufmann Exner — dem unermüdlichen Förderer guter Musik in Zittau — ihm bereitwilligst geliehene Partituren Righinischer Messen und Opern. Exner, der schon Friedrich Schneiders Talent nach Kräften gefördert hatte, wandte nun seine ganze Aufmerksamkeit und Teilnahme dem jungen Marschner zu und eröffnete ihm mit größter Freundlichkeit den Schatz seiner reichhaltigen Bibliothek zu freier Benutzung. Mit neuem Mut ging Marschner an das eifrigste Studium. Darunter sowie infolge eifrigen Erteilens von Klavierstunden, die eine wichtige Einnahmequelle für ihn bildeten, scheint aller-

bings sein Fleiß in der Erlernung der alten Sprachen etwas
gelitten zu haben, denn eines schönen Tages gab ihm sein
Direktor Rudolph vor der ganzen Klasse den Rat, lieber zum
Stadtmusikus in die Lehre zu gehen, als länger auf dem
Gymnasium zu verweilen. Bald war es jedoch dem streb=
samen Jüngling gelungen, das Versäumte nachzuholen und
sich mit Ehren auf der Schule zu behaupten. So rückte all=
mählich die Zeit seines Abganges vom Gymnasium heran.
Marschner wählte sich Leipzig als die Universität, auf der
er das Studium der Rechte beginnen wollte, als die Er=
eignisse des deutschen Befreiungskrieges auch in sein Leben
bestimmend eingriffen. Marschner sagt selbst davon: „Der
Krieg und die Schlacht bei Bautzen (20. und 21. Mai 1813),
nach welcher ein Chor Preußen in Zittau rekrutierte, ver=
anlaßten mich, da ich keinen Beruf in mir fühlte und auch
durch Brustleiden eben nicht kräftig genug war, die Freiheit
mit zu erkämpfen, diese Rekrutierung, sage ich, veranlaßte
mich, einstweilen einen Abstecher nach Prag zu machen, wo
ich die lehrreichen Unterredungen des Komponisten Tomaschek
zu weiterer Ausbildung meiner musikalischen Kenntnisse be=
nutzte."

Allerdings sollten seine musiktheoretischen Studien unter
dem tüchtigen Konservatoriumsdirektor nur von kurzer Dauer
sein. Bald nach den Kämpfen um Bautzen kam es zum
Waffenstillstand und zum Kongreß von Prag, und Marsch=
ner mußte sein Asyl wieder verlassen. Zunächst wandte er
sich den heimatlichen Penaten wieder zu, blieb aber nicht
lange, sondern machte sich auf den Weg nach Leipzig, um
sich dort zu Beginn des Wintersemesters 1813 als Studio=
sus der Jurisprudenz immatrikulieren zu lassen.

Bekanntlich zogen sich gerade um diese Stadt des Krieges
Stürme zum bräuendsten und entscheidenden Unwetter zu=
sammen. Aber so gern auch Marschner, in dessen Adern kein
kriegerisches Blut rollte, wieder herausgewollt hätte — er
konnte nicht, sondern mußte bleiben und dem Kanonendonner

zuhören — der einzigen Musik, die gemacht wurde. Nachdem das blutige Gewitter sich wieder verzogen hatte und die Professoren ihre Vorlesungen wieder aufnahmen, belegte Marschner bei Wieland, Haubold, Krug, Plattner und Wendt und lag eifrig seinen Fachstudien ob in der Hoffnung, sich einst als Jurist eine sichere Lebensstellung zu erringen. Aber auch die Musen, die das Kriegsgetümmel verscheucht hatte, wagten sich jetzt allmählich wieder hervor und Frau Musika nahm mit dem Zauber ihrer Melodien ihres Lieblings Ohr und Herz bald wieder vollständig gefangen. Ihr gehörten die Abende, an denen fleißig musiziert wurde, während der gewissenhafte junge Student tagsüber regelmäßig seine Vorlesungen besuchte.

Hatten jene nächtlichen Klavierübungen auch zur Folge, daß man dem eifrigen Musikus einigemal die Wohnung kündigte, so wurden doch anderseits auch musikliebende Familien auf den fleißigen, ausgezeichnet spielenden Studenten aufmerksam und luden ihn zu sich ein. So kam er in das Haus des kunstsinnigen Dr. Fr. Gleich und Dr. Lindner. Diese empfahlen ihn weiter und Marschner machte die Bekanntschaft des Musikalienhändlers Hofmeister, des Hofrats Rochlitz, Redakteur der Allgemeinen Musikalischen Zeitung, und endlich des Mannes, der einen entscheidenden Einfluß auf sein Leben ausüben sollte, des trefflichen Kirchenkomponisten und Kantors Johann Gottfried Schicht (einer der Nachfolger von Johann Sebastian Bach an der Thomaskirche zu Leipzig).

Schicht, ein engerer Landsmann Marschners — er stammte aus Reichenau bei Zittau — war selbst früher Jurist gewesen, ehe er die Musik als Lebensberuf gewählt hatte, und da sich Marschner nicht bloß durch sein Klavierspiel, sondern auch durch seine außerordentliche Fertigkeit im Partiturspielen auszeichnete, wurde Schicht nicht müde, ihn zu einem gleichen Schritt zu bewegen. Doch der bescheidene Marschner traute seinem Talente noch nicht recht. Auch

mußte sich der arme Student sagen, daß es klüger sei, das
wenn auch trockene Brotstudium zu Ende zu führen, als der
heißen Sehnsucht, welche in seinem Herzen erwacht war,
Folge zu geben und die oft so wenig ergiebige Künstlerlauf=
bahn einzuschlagen. Doch bald ließ ihn die Freude über den
allgemeinen Beifall, den einige kleine Gesangskompositionen
von ihm gefunden, seine vernünftelnden Grübeleien immer
mehr vergessen, und als nun gar der ihm so wohlgesinnte
Schicht sich erbot, ihm unentgeltlich Unterricht in der Theorie
und Kompositionslehre zu erteilen, als Marschner selbst mit
Entzücken die außerordentlichen Fortschritte, die er darin
machte, bemerkte — da sagte er der Juristerei ein für alle=
mal ab und warf sich mit liebeglühendem Herzen an Poly=
hymniens Busen mit dem heiligen Schwur, ihr für immer
und ewig die Treue zu wahren.

In Schicht hatte Marschner einen treuen Freund und
tüchtigen Lehrer gefunden. Unter seiner Leitung arbeitete er
die verschiedenen theoretischen Systeme durch, machte sich mit
den Werken Schichts, Türks und namentlich des Berliner
Musiktheoretikers Johann Philipp Kirnberger vertraut und
studierte mit rastlosem Eifer, was er von Haydnschen und
Mozartschen Partituren erlangen konnte. Auch ließ er sich
nicht die Mühe verdrießen, Werke der älteren Meister —
besonders Beethovensche Symphonien — aus den Stim=
men in Partitur zu setzen, eine Arbeit, aus der ihm reicher
Segen erwuchs.

Daneben war er auch schöpferisch thätig und aus dieser
Zeit seines Unterrichts bei Schicht stammen die ersten 20 bis
23 Nummern seiner gedruckten Werke, Lieder mit Klavier=
oder Guitarrebegleitung, kleinere Klavierstücke und auch ein
paar Sonaten für das Pianoforte (op. 6 und 24). Von
Schicht warm empfohlen wurden sie von mehreren Leipziger
Verlegern (Breitkopf & Härtel, Hofmeister, Peters) heraus=
gegeben, und die Honorare für diese Jugendwerke bildeten
nicht nur eine recht wünschenswerte und notwendige Ergän=

zung seiner bescheidenen Mittel, sondern setzten ihn auch zu seiner größten Freude in stand, seine inniggeliebte Mutter dann und wann mit Geldgeschenken zu überraschen.

Zur Erhöhung seiner Einnahmen unternahm Marschner mit seinem Jugendfreund und Schulkameraden E. A. Schnell aus Zittau, der in Leipzig Theologie studierte, des öfteren gemeinschaftliche Künstlertournees in die Umgebung von Leipzig, die ihnen neben manch hübschem Gewinn auch viel Vergnügen eintrugen. Die frühere Freundschaft, die die beiden jungen Männer auf diesen lustigen Künstlerfahrten erneuerten und befestigten, sollte fürs ganze Leben halten. Auch soll Marschner um diese Zeit zur Verbesserung seiner materiellen Verhältnisse eine Musiklehrerstelle in der Familie des Kaufmanns Weinig angenommen und mit diesem kurze Zeit auf dem Gute Scortleben bei Merseburg zugebracht haben.

Schon damals erfüllte Marschner das Verlangen, eine Oper zu schreiben, um daran seine Kräfte zu erproben. Aber wo sollte er eine geeignete Dichtung auftreiben? In seiner Not machte er sich an das Libretto des Titus, das der Partitur von Mozarts Oper vorgedruckt war. Bot dieses auch seiner individuellen Veranlagung recht wenig Nahrung, so versuchte er sich doch wenigstens in der Handhabung dramatischer Formen und gewann Mut und Vertrauen für weitere Arbeit. Bedachterweise behielt er aber diesen ersten Übungsversuch ganz für sich und ließ erst später ein Terzett daraus mit verändertem italienischen Text erscheinen, das die deutlichsten Beweise seiner besonderen Begabung für dramatische Musik enthielt und mit großem Beifall aufgenommen wurde.

Im Vertrauen auf sein musikalisches Wissen und Können entschloß sich jetzt der junge Künstler zum ersten Ausflug in die Welt. Er unternahm im Jahre 1815 eine Kunstreise als Klaviervirtuos nach Karlsbad. Glücklicherweise gelang es ihm dort gleich anfangs, die Bekanntschaft eines ungarischen Magnaten, des kunstsinnigen Grafen Thaddaeus Amadée de Bartony, zu machen, der als k. k. Hofmusikgraf am 17. Mai 1845

in Wien gestorben ist. Es war derselbe, der später zuerst
Liszts Genie erkannte. Damals selbst noch ein junger Mann,
ausgezeichneter Pianist und begeisterter Musikliebhaber, wurde
er der erste Mäcen unseres aufstrebenden Künstlers und förderte
ihn in jeder Weise. Der Wert dieser Gönnerschaft zeigte sich
sofort in materieller Hinsicht, indem sie Marschner zu einem
sehr lohnenden Konzertabend verhalf. Aber auch für später=
hin war der liebenswürdige Graf bemüht, Marschner die
Wege zu ebnen, indem er ihm noch im Herbste eine Ein=
ladung nach Wien zugehen ließ, der dieser freudigen Herzens
Folge leistete. Lebte doch der große Beethoven in Wien!
Ihm, dem greisen Titanen wollte der junge Enthusiast seine
Kompositionen vorlegen, von ihm Weisung, Aufmunterung
und Belehrung empfangen. Empfehlungen von Schicht und
Wendt sowie die Vermittelung seines hohen Gönners ver=
schafften ihm bald Zutritt zu Beethoven. Aber welch bittere
Enttäuschung harrte seiner! Kaum ein Wort war aus dem
tauben weltabgeschiedenen Beethoven herauszubekommen.
Flüchtig sah er ein paar von Marschner mitgebrachte Manu=
skripte durch und konzentrierte sein ganzes Urteil in einem,
wie es schien, nicht ganz unzufriedenen „Hm!" — Dann
reichte er dem ganz eingeschüchterten jüngeren Kollegen in
Apoll die Hand mit den Worten: „Hab nicht viel Zeit —
nicht zu oft kommen — dann aber wieder etwas bringen!"

Marschner war aus all seinen Himmeln gerissen, von all
seinen Erwartungen hatte sich keine erfüllt. An sich und
seinem Talente verzweifelnd stürmte er nach Haus, zerriß die
mitgebrachten Manuskripte und packte eiligst seine Koffer, um
sofort nach Leipzig zur Wiederaufnahme seines schnöde ver=
lassenen Brotstudiums zurückzukehren. In dieser Stimmung
fanden ihn der Graf Amadée und Professor Klein aus Preß=
burg. Nur mit Mühe konnten sie aus dem jungen Künstler
herausbringen, was eigentlich passiert war. Ihr herzliches
Gelächter auf Marschners Bericht diente schon einigermaßen
zu seiner Ernüchterung und als ihn dann beide über Beethovens

allbekannte Art aufklärten, legte sich seine Aufregung völlig.
Mit Freuden erinnerte er sich jetzt des Meisters Einladung
wiederzukommen, des freundlichen wohlwollenden Blickes, mit
dem er seine Worte begleitet — und nicht nur seine Ver=
zweiflung, auch die Reiselust war völlig wieder verschwunden.
Spätere Besuche — die der kluge Marschner so einrichtete,
daß er dem großen Meister nie zur Last fiel — waren denn
auch von viel besserem Erfolg begleitet und Beethoven ließ
es an Rat und Ermunterung nicht fehlen.

**Marschner in Ungarn. — Erste und zweite Ehe. — Erste
Beziehungen zu Weber. — „Heinrich IV. und d'Aubigné."**

Marschner hatte es durchaus nicht zu bereuen, daß er nach
Wien gekommen war. Nicht nur fand er hinreichenden Er=
werb und Aufmunterung zu weiterem Streben, auch ein vor=
teilhaftes Engagement sollte sich ihm bieten. Und wieder war
es sein Freund und Gönner Graf Amadée, der ihm dazu
verhalf. Auf einem Jagdausflug, den er im Frühjahre 1816
mit dem Grafen nach dessen in Ungarn belegenen Gütern
unternommen hatte, lernte er auch den Grafen Johann
Nepomuk Zichy kennen. Dieser bewohnte teils sein Palais
in Preßburg, teils den nicht weit von Preßburg gelegenen
Stammsitz seiner Familie Nagy=Láng und bot Marschner,
der ihm vom Grafen Amadée warm empfohlen worden war,
unter sehr günstigen Bedingungen eine Musiklehrerstelle in
seinem Hause an. Dies Engagement bewog Marschner im
Jahre 1817 seinen Wohnsitz nach Preßburg zu verlegen, wo
er auch bald eine Kapellmeisterstelle beim Fürsten Krasatkowitz
erhielt. Eine Zeit angenehmsten gesellschaftlichen Verkehrs und
fruchtbarer Anregung brach jetzt für den jungen Künstler an,
der fleißig vorwärtsarbeitete.

Im Familienarchiv der gräflich Zichyschen Familie zu
Nagy=Láng befindet sich eine Klavierkomposition Marschners
— ein Rondo — das mit zu seinen ersten Werken gehört

und nie im Druck erschienen ist. Die Komposition von Marschners eigener Hand führt den Titel:

„Die Reise nach Szöny, der Spaziergang und sonstige Begebenheiten daselbst, ein musikalischer Scherz. Für das Pianoforte komponiert und dem hochgebohrenen Herrn Grafen J. v. Zichy, Kaiserl. Königl. Kämmerer 2c. 2c. unterthänigst zugeeignet von Heinrich Marschner."

Um von Preßburg nach Nagy-Láng zu gelangen, mußte man damals per Wagen über Szöny. Auf einer solchen Reise, die Marschner zum Vorwurf seiner Komposition nahm, soll unterwegs der Wagen zerbrochen sein, was Marschner mit einer abwärts laufenden Figur der linken Hand charakterisiert.

In Preßburg erneuerte Marschner seine Beziehungen zu Professor Heinrich Klein, dessen Bekanntschaft er durch den Grafen Amadée bereits in Wien gemacht hatte. Klein, ein Schüler Kirnbergers, war bis zu seinem am 26. August 1823 erfolgten Tod der erste tonangebende Musiker Preßburgs. Er war mit dem Titel „Professor der Tonkunst" als Lehrer an der unter Maria Theresia errichteten königl. Musikschule angestellt und zählte auch den berühmten ungarischen Opernkomponisten Franz Erkel, den genialen Schöpfer von Hunyady László und Bankbán zu seinen Schülern. Kleins Hauptbedeutung lag in der Theoretik und es ist nicht zu bezweifeln, daß Marschner beim älteren Musiker von hohem Ruf seine Kompositionen vorlegte und seinen künstlerischen Rat mit Erfolg benutzte.

Aus diesem angeregten künstlerischen Verkehr entspann sich bald eine warme Freundschaft, die beide Männer noch enger verband und Klein freudig Folge leisten hieß, als ihn der junge Marschner, der sich inzwischen verlobt hatte, bat, sein Trauzeuge zu sein.

Es war dies die erste von den vier Ehen, die Marschner schloß.

Marschner ist nämlich thatsächlich, entgegen allen bisherigen Überlieferungen nicht zwei- oder drei- sondern viermal verheiratet gewesen. Veranlassung zu dem bisher bestehenden Irrtum mag der Umstand sein, daß Marschner sowohl in der bis zum September 1824 reichenden, kurzen Selbstbiographie seine erste Ehe merkwürdigerweise völlig verschweigt, als sich auch in seinem späteren Leben nur höchst selten darüber geäußert zu haben scheint. Anbei lasse ich eine wörtliche Abschrift der Trauungsurkunde folgen.

Preßburg. Evangelisch-Deutsche Kirche.
Trauungsprotokoll.

1817, 26./X. Bräutigam: Herr Heinrich August Marschner, Tonsetzer und Musiklehrer allhier, des achtbaren Bürgers und Kunstdrechslers zu Zittau in der Lausitz Franz Anton Marschner und dessen Gattin Gottliebe geb. Cassel beider noch am Leben ehelicher Sohn.

Braut: Die wolebelgeborene Jungfrau Emilie des wolebelgeborenen Daniel von Cerva Kaufmann und Handelsmannes, wie auch Mitglied des äußeren Stadtrathes und dessen Gattin Caroline geb. Kineth beider am Leben befindlichen Tochter.

Zeugen: Herr Heinrich Klein, K. K. Professor der Tonkunst an der K. Musikschule hier (kathol.)

Gottlieb Tirtsch, bürgerl. Kaufmann und Handelsmann hier.

Die junge Frau stammte aus einer, von der Mutter her schon länger in Preßburg ansäßigen hervorragenden Kaufmannsfamilie evangelischer Konfession. Der Vater ihrer Mutter, Matthias Christof Kineth, war 1758 als Handelsmann Bürger der Freistadt Preßburg geworden und leistete

Bürgschaft, als am 16. April 1783 sein späterer Eidam, Frau Marschners Vater, Handelsmann Daniel Cerva aus Käsmark sich gleichfalls das Bürgerrecht erwarb. Leicht möglich, daß Marschner die Tochter in seiner Thätigkeit als Musiklehrer kennen und lieben gelernt hatte.

Leider sollte das junge Eheglück nur von kurzer Dauer sein. Es war noch kein halbes Jahr verflossen, als ein rauhes Schicksal die beiden Gatten wieder auseinanderriß und die junge Frau an den Folgen einer Fehlgeburt ihr Leben aushauchte. Das Totenprotokoll der Preßburger Evangelisch-Deutschen Kirche lautet:

 1818. 13./IV. Emilie Marschner, geb. von Cerva, Ehegemalin des Herrn H. A. M., Tonsetzer und Musiklehrer allhier. 24 Jahre. Brand (Abortus?)

Nachdem Marschner seine junge Gattin begraben, litt es ihn nicht länger in der Stadt; sein erschüttertes Gemüt beburfte der Ruhe. Um seine Herzenswunde heilen zu lassen, suchte er die ländliche Einsamkeit auf und begab sich nach Nagy-Láng, wo er in eifrigem angestrengten musikalischen Schaffen Trost fand.

Die erste Komposition, mit der er wieder vor die Öffentlichkeit trat, war ein glänzender Erfolg und mit ihr war wieder ein bedeutender Schritt der Stätte zu gethan, nach der es ihn von frühester Jugend an gezogen und auf der er noch herrliche Triumphe feiern sollte — der Bühne. Im Herbste 1818 sollte von der unter Leitung des Direktors Balogh stehenden, ungarischen Schauspielgesellschaft das neu erbaute Theater in Stuhlweißenburg feierlich eröffnet werden. Graf Johann Nepomuk Zichy, der wie alle Glieder seiner Familie zu eifrigen Förderern Stuhlweißenburgs gehörte, bat nun den in Nagy-Láng weilenden Marschner, für diese Gelegenheit eine Festouverture zu schreiben. Bereitwilligst entsprach Marschner diesem Ersuchen seines gräflichen Gönners und verwandte des Festes wegen, und da um jene Zeit der nationale Geist im ganzen Lande seine Neuerstehung feierte, für seine Komposition national=magyarische Motive. Am 11. Oktober 1818 fand die festliche Eröffnung mit großem Glanze statt. Das Theater war übervoll und als Heinrich Marschners volkstümlich empfundene Ouverture erklang, wurde das ungarische Publikum förmlich davon fortgerissen.

Jene Ouverture aber war nicht die einzige Komposition, die Marschner während des Sommers von 1818 geschaffen. Er hatte in Preßburg auch Dr. Hornbostel, einen großen Kunstliebhaber, kennen gelernt und war viel mit ihm zusammen gekommen. Aus angeregtem geistigen Verkehr erwuchs bald warme Freundschaft. Eines schönen Tages kam Hornbostel mit einer dreiaktigen Operndichtung hervor, die er Marschner in Musik zu setzen bat. Marschner griff mit beiden Händen zu. Nun hatte er endlich gefunden, wonach er sich so lange gesehnt und eifrig ging er ans Werk. Mit dem scheidenden Sommer war die Oper: „Saidar und Zulima oder Liebe und Großmut" fertig und sollte auch bald von der deutschen Operngesellschaft in Preßburg zum Benefiz des Kapellmeisters Eckschlager zur Aufführung gebracht werden. Die k. k. priv. Städt. Preßburger Zeitung vom 24. Nov. 1818 bringt folgende

„Theateranzeige:

Donnerstag den 26. November wird in dem Schauspielhause der K. Freystadt Preßburg zum Vortheile des Unterzeichneten zum Erstenmale gegeben werden:

Saidar und Zulima
oder
Liebe und Großmuth.

Große romantische Oper in 3 Akten mit neuer Musik von Heinrich Marschner, Compositeur und Musiklehrer des Hochgräfl. J. Zichyschen Hauses in Preßburg.

Der Unterzeichnete wagt es hiermit, seine gehorsamste Einladung zu dieser Vorstellung zu machen, und hoffet

um so mehr allgemein unterstützt zu werden, als die Musik
dieser Oper in Preßburg selbst entstanden ist und als vater=
ländisches Produkt auf allgemeine Theilnahme Anspruch
machen darf.
August Eckschlager
Theater=Dichter und Kapellmeister."
Es war dies die erste Oper, die Marschner komponiert hat.
Leider kamen die schönen Melodien der verfehlten Dich=
tung halber nicht zur Geltung und nach zwei Aufführungen
verschwand „Saidar", um nicht wieder aufzutauchen.
Vor Aufführung dieses Erstlingswerkes hatte sich Marschner
schon an ein anderes Buch gemacht, nämlich an die ihm eben=
falls von Hornbostel gelieferte dreiaktige Oper „Heinrich IV.
und d'Aubigné". Es war dies Marschners erstes bedeutendes
Werk. Noch im Spätherbst 1818 mit seiner Komposition
fertig, sandte er die Partitur an den von ihm hochgeachteten
Carl Maria von Weber nach Dresden, der, in den Jahren
1813—1816 Kapellmeister in Prag, wohl schon seit Marschners
dortigem Aufenthalt gemeinschaftliche Beziehungen mit ihm
besaß. Weber, der die Oper mit Verwunderung über das
Talent des 22jährigen Komponisten durchblätterte und dessen
entschiedene Begabung für dramatische Musik erkannte, schrieb
Marschner einen äußerst freundlichen Brief und teilte ihm
mit, daß er die Oper zur baldigen Aufführung notiert habe.
Wer war glücklicher als Marschner? Dies günstige Urteil
Webers bestimmte ihn nun endgültig für die Laufbahn, die
ihn zu hohem Ruhm führen sollte. Sehnsüchtig wartete er
auf die Dresdener Aufführung. Schwierigkeiten in der Be=
setzung führten indes eine Verzögerung herbei und Weber war
nicht wenig überrascht, als unvermutet am 18. August 1819
ein untersetzter kräftiger junger Mann mit jovialem Gesicht
zu ihm in sein lauschiges Dresdner Gartenstübchen trat und,
eine alte Dame an der Hand führend, sich als Heinrich
Marschner mit seiner Mutter vorstellte, der gekommen sei,
sich nach dem Schicksal seiner Oper zu erkundigen. Die

zwanglosen Formen, die derbe Ausdrucksweise des jungen Lausitzer Musikers hatten für den feinfühligen zarten Weber etwas Unsympathisches. Doch hatte er viel zu hohe Achtung vor Marschners Talent, als daß er sich nicht bemüht hätte, diese ihm selbst unangenehme Gefühlswallung zu unterdrücken. Freilich war der erste Eindruck der entscheidende und verwischte sich auch später nicht völlig, als beide Meister durch Marschners Übersiedelung nach Dresden in nähere Berührung miteinander traten. Indes ließ Weber von seinen persönlichen Empfindungen nichts merken, und erfreut über den wohlwollenden Empfang und mit der Hoffnung baldmöglichster Aufführung seiner Oper kehrte Marschner nach Preßburg zurück, wo ihm die Zeit in eifrigem Schaffen rasch dahinfloß. Er schrieb einige kleinere und größere Sonaten, mehrere Trios, Rondos und Phantasien, die er aber nicht veröffentlichte. Auch gehört wahrscheinlich dieser Periode seines Preßburger Aufenthaltes eine einaktige Oper: „Der Kyffhäuser Berg" an, zu der er eine Dichtung von Kotzebue benutzt hat. Das Werk gelangte nach Hugo Riemann überhaupt nicht zur Aufführung und erschien erst 1836 im Klavierauszug, als op. 89, bei Cranz in Hamburg, nachdem Marschner den ersten Akt neu bearbeitet hatte.

Trotz eifriger Arbeit und künstlerischer Befriedigung fühlte sich Marschner vereinsamt und allein. Sein Herz sehnte sich nach der Liebe und er suchte und fand bald in Eugenie Franziska Jäggi eine neue Lebensgefährtin, mit der er sich am 9. Januar 1820 für immer verband. Eugenie Franziska Jäggi stammte aus Wien und war die Tochter eines Kammerdieners, der mit seiner Herrschaft in Preßburg lebte. In der damals noch glänzenden Haupt- und Krönungsstadt hielten viele Magnatenfamilien ihr Palais. Möglicherweise gehörte Marschners zweite Frau vor ihrer Verheiratung der Bühne an und wurde so mit Marschner bekannt. Da die Braut katholisch war, fand die Trauung in der katholischen Stadtpfarrkirche zu St. Martin, dem Preßburger Krönungsdom, statt. Die in lateinischer Sprache abgefaßte Trauungsurkunde lautet:

Matricula copulatorum.

1820. 9./I. H. A. Marschner viduus Augustanae Confessionis, musicae magister. Francisca Jaeggi, coelebs 21 annorum, Vienna oriunda, filia Jacobi Camerarii dominalis et conjugis Jedermaier Theresiae. testes: Henricus Klein Prof. Mus. Joannes Balass Assessor tabulae judiciariae. (Trauungsurkunde: 1820. 9./I. H. A. Marschner, Witwer, lutherischer Konfession, Musiklehrer. — Franziska Jaeggi, ledig, 21 Jahre alt, aus Wien, Tochter des Kammerdieners Jakob Jaeggi und seiner Ehefrau Therese geb. Jedermaier. — Zeugen: Heinrich Klein, Musikprofessor. Johannes Balaß, Gerichtsassessor.)

Leider sollte der Tod auch dieses Band bald wieder trennen. Fünf kurze Jahre glücklichen Familienlebens, das durch die Geburt eines Söhnchens, Namens Alfred, von dem späterhin noch die Rede sein wird, wesentlich verschönt wurde, waren den beiden Gatten beschieden. Dann verlor Marschner auch seine zweite Frau, die ihm nach seinem eigenen Zeugnis stets eine liebevolle und gute Gattin gewesen war. Laut Totenbuch der Dresdener Königl. Kathol. Hof- und Pfarrkirche ist „Frau Franziska Eugenie, des Herrn Heinrich Marschner, Königl. Sächsischen Musikdirektors Ehegattin, den 12. Dezember 1825 an Schwäche gestorben und am 15. ejusd. begraben worden."

Damals, im Lenz des Jahres 1820, im Glück seiner jungen Ehe, dachte Marschner zunächst nicht viel an Musik und noch weniger an seine in Dresden liegende Oper „Heinrich IV. und b'Aubigné." Da träumte er plötzlich in der Nacht des 19. Juli 1820, er sitze im Dresdener Hoftheater und wohne der ersten Aufführung seines Werkes bei. Deutlich sieht er den Theatersaal und das dichtgedrängte Auditorium vor sich. Kaum kann er den Beginn der Ouverture erwarten. Sie ertönt und wird lebhaft beklatscht. Jetzt geht der Vorhang in die Höhe. Der junge Komponist hört seine Musik von erſten Sängern und Sängerinnen vorgetragen. Die Teilnahme und der Beifall des Publikums wachſen von Nummer zu Nummer und wie bei ſeinem Erſtlingswerkchen, damals bei Butenop in Zittau, fällt der aufs äußerſte erregte Künſtler in Ohnmacht, d. h. diesmal nur — aus dem Bett und erwacht. Die helle Juliſonne ſcheint ihm freundlich lachend ins Geſicht. Arg enttäuſcht und doch wieder unter der frohen Bewegung des ſchönen Traumes ſtehend, will er ihn wenigſtens als gutes Omen deuten und notiert ſich Tag und Stunde. Dann aber folgt er der Lockung des herrlichen Sommertages und eilt mit ſeiner jungen Frau zu einer verabredeten luſtigen Landpartie. Zehn Tage ſpäter erhielt er von Weber die Freudenbotſchaft, daß am Abend des 19. Juli — alſo genau zu der Zeit des Traumes — ſeine Oper „Heinrich IV. und d'Aubigné" in Dresden und zwar in einer Beſetzung, welche die beſten Kräfte, die Willmann, Gerſtäcker, Touſſaint, Wilhelmi u. ſ. w. ins Treffen führte, zur Aufführung gekommen und mit großem Beifall aufgenommen worden ſei. Schon die Ouverture ſei lebhaft applaudiert worden. Zu beſonderer Genugthuung gereiche es ihm, Marſchner im Auftrage des Geheimrates Grafen von Vitzthum zehn Dukaten Honorar überſenden zu können. Groß war Marſchners Freude über dieſen Erfolg und in wenigen Stunden hatte er in Gemeinſchaft mit ſeinem Dichter und Freund Hornboſtel den Dresdener Ehrenſold verjubelt.

Weber hatte alſo Wort gehalten. Nicht nur hatte er zur Aufmunterung des jüngeren Kollegen die Aufführung der Oper ſo ſehr als thunlich beſchleunigt, auch die Einführung, welche er am 7. Juli 1820 in der Dresdener Abendzeitung der Bühnendarſtellung vorangehen ließ, giebt dafür Zeugnis, mit welcher Liebe ſich der berühmte Meiſter mit Marſchners Jugendwerk beſchäftigte. Dieſe Einführung der Marſchnerſchen Oper befindet ſich unter der Reihe von Webers bramatiſch-muſikaliſchen Notizen, die der Dresdener Hofkapellmeiſter in

der dortigen Abendzeitung veröffentlichte, um durch kunst=
geschichtliche Andeutungen die Beurteilung der auf dem königl.
Theater zu Dresden erscheinenden Opern zu erleichtern. Er
schreibt: „Ein wahrhaft vaterländisches Erzeugnis tritt in die
Schranken. Heinrich Marschner ist der Komponist der Oper:
Heinrich IV. und d'Aubigné, die am 19. Juli 1820 zum
erstenmal auf dem königl. Theater erscheint. Mit Freuden
wird man den Landsmann (Marschner als Zittauer) mit
lebendiger eigentümlicher Erfindung, blühender Melodie und
reicher fleißiger Ausführung ausgestattet sehen und ich erlaube
mir, meinerseits den Glauben auszusprechen, daß aus solchem
Streben nach Wahrheit, aus so tiefem Gefühl entsprungen,
ein gewiß recht achtungsvoller dramatischer Komponist erblühen
wird."

Die Oper „Heinrich IV. und d'Aubigné" wird allerdings
heute nicht mehr aufgeführt, aber das Urteil, welches der
Komponist des „Freischütz" und „Oberon" über Marschner
fällte, hat sich vollkommen bewährt.

Für Marschner war es wohl kaum möglich, günstiger in
die Öffentlichkeit eingeführt zu werden und obige Notiz ist ein
deutlicher Beweis, wie freudig und neidlos Weber das dem
seinen ähnliche Talent anerkannte, obgleich dieser Umstand
thatsächlich viel weniger geeignet war, ihm Marschner inner=
lich näher zu bringen, als z. B. jener Wahrtraum des jungen
Komponisten. Weber, der in seiner Eigenart übersinnlichen
Zeichen und Vorbedeutungen gern Aufmerksamkeit schenkte,
fand darin viel mehr Hinweis auf eine Zusammengehörigkeit
ihres Wesens als in der Ähnlichkeit ihrer Talente.

Marschner war entzückt von Webers Wohlwollen und
Güte und ging voller Lust und Eifer wieder an die Arbeit.
Es war der oben erwähnte Preßburger Theaterdichter und
Kapellmeister Eckschlager, der ihm eine neue Operndichtung
lieferte. Er schrieb ihm den Text zu der Oper „Lucretia",
für die Marschner vortreffliche Chöre und Ensembles lieferte.
Mancherlei Verhältnisse und andere Beschäftigungen verzögerten

indes die Vollendung und erst 1826 wurde sie von dem Komponisten beendet und unter seiner eigenen Leitung in Danzig mehrere Male mit Beifall aufgeführt.

Dresden. — „Der Holzdieb". 1821—1826.

Im folgenden Jahre 1821 reiste Marschner in Familienangelegenheiten nach Sachsen und es war ganz selbstverständlich, daß er, auf den Carl Maria von Weber als Mensch und Musiker eine magische Anziehungskraft ausübte, auch Dresden besuchte. Dort ward ihm von Weber und dem damaligen Generaldirektor und Geheimrat von Könneritz eine so herzliche und wohlwollende Aufnahme zu teil, daß aus dem bloßen Besuch eine gänzliche Übersiedelung nach der freundlichen Elbestadt wurde. Der nun folgende vertraute Umgang mit dem um zehn Jahre älteren Weber war für den strebsamen jungen Musiker außerordentlich fördernd. Marschner wurde ein häufiger, gern gesehener Gast in Webers Hause und es war wohl ganz gewöhnlich, daß beide durch gleiche Gefühls- und Anschauungsweise verbundenen Männer nicht nur Gedanken und Ansichten, sondern auch das am Tage Geschaffene des Abends in traulichem Beisammensein besprachen und das Für und Wider miteinander abwogen. Dieses schöne Verhältnis mag wohl auch zu der Ansicht, Marschner sei ein Schüler Webers gewesen, viel beigetragen haben und doch darf Marschner keineswegs im eigentlichen und gewöhnlichen Sinne des Wortes so genannt werden. Freilich übte der damals im sonnigsten Ruhm seines Freischützerfolges stehende Weber einen bestimmenden Einfluß auf seinen jungen zu ihm aufblickenden Kollegen aus. Ebenso erzeugten wohl seine die Welt erobernden Melodien in Jung-Marschners Brust Stimmungen, aus denen dann ähnlich geartete Schöpfungen hervorgehen sollten und doch kann Marschners Werken ihre eigentümliche Selbständigkeit weder nach Form noch Inhalt bestritten werden. In beider Meister Werken kommt eben das musikalisch-romantische

Element jener Zeit im vollendetsten Ausdruck zu Tage und Marschner ist es, der in seiner stets kernigen und warmblütigen Eigenart oft auch die Zerrissenheit der romantischen Richtung scharf hervortreten läßt — ein Umstand, der seine Schöpfungen an jene Zeit fesselt und unserem heutigen veränderten Empfinden ferner rückt.

Unter den angenehmen Verhältnissen war Marschner schnell in Dresden heimisch geworden. Noch im Sommer 1821 erhielt er durch den Hoftheaterintendanten, Herrn von Könneritz, den Auftrag, Ouverture und Zwischenmusik zu Kleists romantischem Drama „Der Prinz von Homburg" zu schreiben. Das Werk (Op. 57) erschien bei Breitkopf und Härtel in Leipzig. Auch mit Hofmeister, dem Verleger seiner drei Hauptopern, trat Marschner damals mit einem Heft Lieder in dauernde Geschäftsverbindung, aus der bald ein schönes Freundschaftsverhältnis erblühte. „Der Prinz von Homburg" kam am 6. Dezember 1821 zur ersten Aufführung und gefiel in dieser Verbindung von Poesie und Musik dermaßen, daß das Werk unzählige Wiederholungen erlebte. Anläßlich des günstigen Erfolges wandte sich der auf seine Freischützdichtung sehr stolze Friedrich Kind mit der Bitte an Marschner, ihm die Gesänge zu seinem Volksschauspiel „Schön Ella" zu komponieren. Obgleich die Dichtung an sich nichts wert war, wollte doch Kind die Musik nur als Nebensache gelten lassen. Lachend sagte Marschner zu und führte seine Komposition auch dermaßen aus, daß das Stück, das des Freischützdichters halber (1822) an fast allen Bühnen zur Aufführung angenommen wurde und viel Geld brachte — überall mit großem Lärm durchfiel. Ein ähnliches Schicksal ereilte 1823 Theodor Hells Musikschauspiel „Ali Baba", zu dem Marschner ebenfalls den musikalischen Teil geliefert hatte. Die Komposition war eine flüchtige Gelegenheitsarbeit und der Mißerfolg, den Marschner vorausahnte, trat auch richtig ein. Am Abend der Aufführung saß er neben der neu engagierten Sängerin Schönberger, die ihn nicht kannte und herzhaft über das Machwerk loszog. Weiblich schimpfte Marschner über die elende Musik mit und wollte sich am nächsten Tag, als ihm die Sängerin vorgestellt wurde, über ihre Verlegenheit halb tot lachen.

Im Januar 1824 erhielt Marschner einen Ruf als Musikdirektor an die Deutsche Oper in Amsterdam und trug sich ernstlich mit dem Gedanken, den ihm angebotenen ehrenvollen Posten anzunehmen. Seine freundschaftlichen Beziehungen zu Weber hatten sich gelockert. Die sensitive Natur Webers zog sich von dem etwas rauhen und aufbrausenden Wesen Marschners zurück und als Weber im Jahre 1823 wegen Dienstüberhäufung und angegriffener Gesundheit — er hatte wegen fortdauernder Kränklichkeit seines Kollegen Morlacchi und des Kirchenkompositeurs Schubert fast zehn Monate lang den ganzen Dienst in Theater, Kirche und Kammer allein versehen müssen — auf Anstellung eines Musikdirektors drang, schlug er hierzu nicht den recht wohl fähigen Marschner, sondern seinen Jugendfreund und Studiengenossen Gänsbacher in Wien vor. Eine Entscheidung in dieser Angelegenheit wurde indes möglichst verzögert und die Intendanz knüpfte selbständig mit Marschner Verhandlungen an. Marschner, der schon im Begriff stand, nach Amsterdam abzuschließen, wurde vermocht, da ihm nach seiner eigenen Aussage (Brief vom 1./XII. 1823 an Hofmeister) von hohen Gönnern Hoffnung gemacht worden war, seine Kräfte dem Vaterlande weihen zu können, jenen Ruf nicht anzunehmen. Gänsbacher, der endlosen Verhandlungen müde, leistete endlich einem andern Ruf Folge und Weber schreibt ingrimmig in sein Tagebuch: „Da sieht man, was ich hier gelte! Die schöne Hoffnung für Gänsbacher ist zerstört, sowie alles Gute, was ich für den Dienst vorschlage, immer unberücksichtigt bleibt und mein Wirken hier reines Tagelöhnerwerk ist."

Nun stand der Anstellung Marschners nichts mehr im Wege und zu seiner größten Freude wurde er am 4. September 1824 zum Königl. Musikdirektor der deutschen und italienischen Oper ernannt. Daß der jugendliche Direktor nach den vorausgegangenen Intriguen anfangs mit viel Schwierigkeiten zu kämpfen hatte, liegt klar auf der Hand. Namentlich war es der Konzertmeister Tietz, der ihm viel zu schaffen machte. Bald aber legte sich die Opposition. Marschner, der bedeutende Dirigentenfähigkeiten entwickelte und dessen Aufführungen stets lebhaft, energisch und präcis zusammengingen, hatte sich bald Achtung und Gehorsam erzwungen. Da der schon fast immer kränkliche Weber sowie sein italienischer Kollege Morlacchi dem jungen arbeitsfreudigen Musikdirektor gern einen Teil ihrer Obliegenheiten übertrugen, so ruhte bald fast die ganze Last der Theatergeschäfte auf Marschner, so daß ihm zu eigenen Arbeiten und Kompositionen herzlich wenig Zeit blieb. Dennoch benutzte er jede freie Minute zur Vollendung seiner „Lucretia". Ferner war ihm der Gedanke gekommen, gleich Kotzebue kleine Operetten für Privatbühnen herauszugeben oder selbst zu komponieren. Urdeutsch in seinem Wesen und stets bestrebt, die deutsche Oper nach Kräften zu fördern, hoffte er dadurch das Publikum an die tiefere deutsche Musik gewöhnen und der einseitigen Beeinflussung des öffentlichen Geschmackes durch fremde Opern entgegentreten zu können. In diesem Sinne veröffentlichte er einen Aufruf an die deutschen Dichter und Musiker und wandte sich um Beihilfe an mehrere Berühmtheiten, erhielt aber leider nur abschlägige Antworten. Da er aber für sein Unternehmen bereits einen Verleger — Hartmann in Leipzig — gefunden hatte und man seinen Aufruf öffentlich besprach, entschloß er sich rasch, mit einer eigenen Arbeit den Anfang zu machen und vermochte wieder Friedrich Kind, ihm das Libretto zu liefern. So entstand die Operette „Der Holzdieb", welche 1825 in dem Taschenbuch „Polyhymnia" bei Hartmann in Leipzig im Klavierauszug erschien und am 22. Februar 1825 unter großem Beifall am Dresdener Hoftheater über die Bretter ging. 1853 erschien dieser Einakter im Text umgearbeitet unter dem Titel „Geborgt".

Marianne Wohlbrück. — „Vampyr". — Leipzig. —
„Templer und Jüdin". „Falkners Braut". 1826—1830.

Marschners lobenswerte Absicht, durch Privatbühnen und
Liebhabertheater der deutschen Oper die Wege zu ebnen, wäre
vielleicht von Erfolg gekrönt gewesen, wenn er selbst mehr an
ihrer Verwirklichung hätte arbeiten können. Aber als an=
fangs 1826 Weber nach London reiste, mehrten sich Marschners
Berufsgeschäfte ins Unendliche und ließen ihm fast gar keine
Zeit mehr zu eigenem Schaffen übrig. Und doch drängte und
gärte er gerade um diese Zeit in des Künstlers übervollem
Herzen, in das die Liebe wieder eingezogen war, mit Allge=
walt. Er hatte im März die am 6. Januar 1806 in Ham=
burg geborene gefeierte Sängerin Marianne Wohlbrück kennen
gelernt. Sie ein Stern erster Größe, er zweiter Kapellmeister
mit gutem Titel und schlechter Besoldung. Mächtig fühlte
sich sein Genius durch die Geliebte inspiriert, frei wollte er
seine Schwingen regen; zeigen wollte er, daß er der Geliebten
würdig war. Hinaus will der Künstler in die weite freie
Welt, wo in verheißungsvoller Zukunft das goldene Glück
lacht und wir können es so recht verstehen, wenn Marschner
um diese Zeit an seinen Verleger schreibt: „Ich bin ein
Wandervogel, das liegt mir im Blute, mir ist so leicht, so
fliegsam zu Mute, ich möchte von Ast zu Ast, von Blüte zu
Blüte, immerfort in die schöne lockende Welt. Ich hab eine
Lerchenseele; so lang ich sitze, muß ich schweigen. Erst im
Aufflug heb ich zu singen an."

Und als nun gar der Künstler nach dem am 5. Juni
1826 in London erfolgten Tode Webers nicht als dessen Nach=
folger zum ersten Kapellmeister ernannt wird, fühlt er sich
aufs tiefste verletzt und sein ganzes Sinnen und Trachten
geht auf die Verwirklichung seiner Zukunftspläne. Noch
sollte ihm in Dresden das Glück seines Lebens werden. Am
3. Juli 1826 führte er seine junge bildschöne talentreiche
geist= und gemütvolle Braut heim und schloß damit ein

Herzensbündnis, aus dem ihm reicher Segen entsproß. Leid und Freud, Triumphe und Enttäuschungen hat Marianne Wohlbrück redlich mit ihm geteilt und getragen und ward Marschner nicht nur eine vortreffliche Hausfrau und treue Mutter seiner Kinder, sondern blieb auch der schöne Genius seiner Kunst.

Gleich am Tage nach der Hochzeit besprach der junge Ehegatte mit seinem Schwager, dem hochbegabten Dichter und Schauspieler Wilhelm August Wohlbrück, damals Charakterdarsteller und Regisseur in Magdeburg, den Plan zu einer neuen Oper. Marschner hatte intuitiv das Prinzip, nach welchem Weber, der geniale Schöpfer des neuen deutschnationalen Opernstils, vorgegangen war, erfaßt und begriffen und wählte sich in dem Byronschen Gedicht „Lord Ruthwen" einen Stoff zu musikalischer Bearbeitung. Lord Ruthwen ist ein Vampyr, d. h. nach dem Volksglauben, namentlich der slawischen rumänischen und griechischen Bevölkerung der unteren Donauländer und der Balkanhalbinsel, der Geist eines Verstorbenen, der des Nachts sein Grab verläßt, um Lebenden das Blut auszusaugen. Davon nährt er sich. Nur dadurch, daß man die Leiche ausgräbt und den stets noch frisch blutenden Leib mit einem Pfahl durchbohrt, könne man den Vampyr vernichten. Nach Byrons Gestaltung der auch in Schottland heimischen grausigen Sage hat sich der gespenstische Unhold vom Höllenfürsten eine verlängerte Lebensdauer dadurch erkauft, daß er junge Mädchen ihren Verlobten mit teuflischer Verführungskunst abspenstig macht und ihnen dann das Blut aussaugt. Des Vampyrs Frist ist nun abgelaufen und wird vom Teufel nur unter der Bedingung auf ein Jahr verlängert, daß es ihm gelingt, bis zur nächsten Mitternacht drei Bräute in seine zeitliches und ewiges Verderben bringende Umarmung zu locken. Er geht darauf ein, hat auch in seinen gräßlichen Bewerbungen Erfolg, wird aber noch im letzten Augenblick als Unhold entlarvt und verfällt den höllischen Gewalten.

Wohlbrück sollte dieses Thema für Marschner dramatisch gestalten.

Die unendlich vermehrten Berufsgeschäfte ließen Marschner jedoch kaum Zeit und Muße zu eigenem Schaffen. Er fühlte sich ohnehin nicht mehr wohl in den alten Verhältnissen, kam in Konflikt mit der Theaterleitung, billige Ansprüche und Wünsche wurden als Überhebung und Anmaßung aufgefaßt und zurückgewiesen und — kurz entschlossen forderte Marschner seine Entlassung. Darauf war man nicht gefaßt gewesen. Verhandlungen wurden eingeleitet, Einwände erhoben — doch Marschner blieb fest. „Dreimal," schreibt er an Hofmeister, „mußte ich schriftlich um meine Entlassung einkommen, da sie es nicht glauben wollten." Er wollte nun einmal aus der ihm zu eng gewordenen Umgebung heraus und erhielt endlich durch die wohlwollende Vermittelung des Ministers von Einsiedel den erbetenen Abschied.

Das junge Ehepaar nahm nun seinen künstlerischen Aufflug. Ehren- und gewinnbringende Einladungen zu Gastspiel und Konzerten lagen in Masse vor. Sie brauchten nur zu wählen. Zunächst eilten sie nach Berlin. Im „Statistischen Rückblick auf die Königlichen Theater zu Berlin" heißt es unter 1826: „Mad. Marschner aus Kassel fünf Gastrollen." Es war bei dieser Gelegenheit, daß Marschner auch Mendelssohns Bekanntschaft machte, ohne sich ihm indes als Komponist vorstellen zu können. Verhandlungen, Marschner für das damals in seiner höchsten Blüte stehende Königstädtische Theater zu gewinnen, führten nicht zum Ziel. Weiter ging die Reise nach Breslau, Posen, Königsberg und Danzig, überall von den schönsten Erfolgen begleitet, bis es Marschner, der zum Arbeiten jetzt genug Muße, aber immer noch kein Buch hatte, nicht mehr aushielt. Nach Magdeburg zum saumseligen Schwager Wohlbrück mußte er und die Beendigung der Dichtung beschleunigen. Dort, im Frühjahr 1827, wurden auf einsamen Spaziergängen auf Magdeburgs schönem Totenacker (Marschners Lieblingsplätzchen) die Hexenchöre und einige

Scenen des ersten Aktes vom „Vampyr" ersonnen und aus=
geführt. Dem anderweitig auch viel beschäftigten Dichter
möglichste Eile anempfehlend, begab sich das junge Paar für
den Sommer auf weitere Kunstreisen nach dem Süden und
Westen Deutschlands. Gerade war man in Aachen ange=
kommen und hatte den Entschluß gefaßt, im Herbst einer
Einladung Barbajas nach Wien zu folgen, als ein sehr vor=
teilhaftes Anerbieten des Chefs des Leipziger Stadttheaters,
Hofrat K. Th. Küstner diesen Plan wieder durchkreuzte. Frau
Marschner nahm ein Engagement an die dortige Oper an
und im September 1827 traf Marschner mit seiner jungen
Gattin in Leipzig ein und fast zu gleicher Zeit auch das fertige
Buch des „Vampyr". Marschner, der die Direktion des
Leipziger Stadttheaterorchesters übernahm, arbeitete jede freie
Stunde an seiner Oper. Bis zum Jahresschluß hatte er im
Gasthof „Zur goldenen Laute", wo er Quartier genommen
hatte, die zwei (vier) Aufzüge des „Vampyr" vollendet und
erhielt von Hofrat Küstner bereitwillig die Zusage baldiger
Aufführung.

Aus verschiedenen Gründen trat eine Verzögerung bis in
den März ein. Die Oper „Der Vampyr" wurde am 29. März
1828 zum erstenmal gegeben und bis zum 8. Mai fünfmal
unter dem größten Beifall vor stets gefülltem Hause wieder=
holt. An Stelle der erkrankten Madame Streit, die die Mal=
wina sang, trat in den Wiederholungen die höchst geschätzte
und beliebte Frau Marschner.

Es war eine ebenso neue als schwierige Aufgabe gewesen,
ein solches Ungeheuer wie den Lord Ruthwen musikalisch inter=
essant zu machen. Aber Marschner hatte sie gelöst und den
ganzen künstlerischen Gewinn, den ihm sein Aufenthalt in
Dresden gebracht, in diesem Werke niedergelegt. Freilich hatte
er sein bewundertes Vorbild noch nicht erreicht, in musikalischer
Formenglätte stand der „Vampyr" noch weit hinter dem
„Freischütz" zurück und doch ließ er ganz deutlich erkennen,
worin Marschner seinen Meister übertraf und wie weit er

eine andere selbständige Richtung einschlug. Das Spukhafte und Dämonische, das erst in Richard Wagners Opern sich gleichsam spiritualisiert hat und bei Weber trotz der meisterlichen Wiedergabe in der Wolfsschluchtscene stets eine gewisse Kühle behält, mehr als ausschmückendes Beiwerk als zum Ausdruck des dramatischen Grundgedankens dient, tritt bei Marschner zwar noch ganz elementar auf. Aber gerade wo Marschner seine ganze Kraft auf die musikalische Gestaltung dieses dämonischen Prinzips konzentriert, wo er in wuchtiger Tonsprache das Gespenstige zum Grausigen erweitert und die leidenschaftlichen Momente mit hinreißender Macht aufeinander türmt, zeigt sich seine ganze Größe. Richard Wagner, der Marschner besonderer Würdigung wert erachtete — und es waren recht wenige zeitgenössische Komponisten, die er gelten ließ — beurteilt Marschners Eigenart treffend mit den Worten: „Er fand für seine bedeutendsten Opern Dichtungen, die seiner besonderen Empfindungsweise entgegenkamen, nämlich jener merkwürdigen Durchdringung glutvollster Liebesleidenschaft mit dem Gefühle eines dämonischen Grauens, von der fast alle Helden seiner Werke mehr oder weniger erfüllt waren." Im „Vampyr" ist der grausige Spuk von der Person des Helden unzertrennlich. Das fahle Mondlicht ist der Zauber, der auf den tödlich verwundeten Vampyr immer wieder belebende Kraft ausübt. Trotz alles Kämpfens, trotz innerer Verzweifelung — man denke an das tief ergreifende große Solo — muß der unselige Ruthwen den dämonischen Gewalten gehorchen und unter heftiger Erschütterung folgen wir der Entwicklung seines Schicksals. Ja, das Gräßliche, das Tiefschauerliche, das dieser Hauptgestalt anhaftet und deutlich die innere Zerrissenheit und Zwiespältigkeit zeigt, zu der die romantische Periode nach kurzer Blütezeit herabgesunken war, ist für unsere jetzige Geschmacksrichtung zu stark. Aber selbst wenn uns auch der Stoff des „Vampyr" den Genuß am Ganzen beeinträchtigt und der Popularität der Oper leider entgegenwirkt — eines lebt doch im „Vampyr" wie in allen Werken Marschners, was nimmer veralten kann und wird: das ist das echt deutsche Empfinden, das uns aus seiner Musik entgegentönt, einer Musik, die man mit Recht aus dem Gemüt des deutschen Volkes geschöpft nennt. Die Frische und Klarheit des dramatischen Ausdrucks, die lebendige klangvolle Melodik, das tiefe Gefühl für die Natur, das den deutschen Wald mit seiner ganzen herrlichen Poesie vor uns erstehen läßt — alles Eigenschaften, die dem „Freischütz" die Herzen des Volkes gewannen, finden wir auch in Marschners Werken wieder. Und namentlich ist es ein Vorzug, den Marschner vor Weber voraus hat, das ist sein manchmal etwas derber, aber immer spontaner und herzgewinnender Humor, seine anheimelnde naive Volkstümlichkeit. Schon Schumann erkennt diesen Schatz an, wenn er schreibt: „Unter den Neueren darf außer Weber namentlich Marschner nicht unerwähnt bleiben, dessen Talent zum Komischen sein Lyrisches bei weitem zu überragen scheint" und an anderen Stellen wieder die Komik des Narren im „Templer und Jüdin" mit warmen Worten lobt. Die Gabe volkstümlichen Humors war Weber versagt, er blieb entweder steif oder wurde banal. Denken wir dagegen an Marschners fröhliche Reigen der Landbewohner, an den neckischen Humor ihrer Gesänge, an die Volksscene im „Vampyr", an den „Bruder Tuck", an den Narren im „Templer", an die Lieder Konrads des Bauern und die Blindekuhscene im „Heiling", so hüpft uns das Herz bei dem Gedanken an den behaglichen un= widerstehlichen Humor, der aus diesen Scenen spricht und uns wie ein heller freundlicher Sonnenblick aus gespenstischem Düster entgegenlacht. Nur in Mozarts „Zauberflöte", in Lortzings „Waffenschmied" und „Zar und Zimmermann" begegnen wir der heiteren Muse, die auch Marschners Humor geweiht hat.

Mit dem „Vampyr", der an dramatischer Wucht und genialer Produktivität unter Marschners Opern am höchsten steht, hatte sich der Komponist für immer eine hervorragende

Stellung in der deutschen romantischen Oper geschaffen. Und der klingende Erfolg? — 220 Thaler Verlegerhonorar! Jene Leipziger Erstaufführung vom 29. März 1828 hatte einen Sturm der Begeisterung hervorgerufen. Konnte die Kritik auch in den lyrischen Partien des „Vampyr" Anklänge an Weber herausfinden, die Titelrolle des ganzen Stückes, der dämonische Ruthwen ist und bleibt Marschners volles unbestreitbares Eigentum. Was für einen gottbegnadeten Vertreter hatte man aber auch in Leipzig für die Rolle des Ruthwen, die neben hervorragenden stimmlichen Mitteln eine ungewöhnliche darstellerische Gestaltungskraft erfordert, in Franz Eduard Genast gefunden. Die Augen der Welt richteten sich auf diese wie aus einem Guß geschaffene Meisterleistung und überall, wo für die Titelrolle ein solch leistungsfähiger Vertreter vorhanden ist, wird auch die Marschnersche Oper trotz der Ungeheuerlichkeit des Stoffes nicht vom Spielplan verschwinden. Erst Robinson und in neuester Zeit Reichmann und Bulß ist es wieder gelungen, das Unheimliche und Grausige wie das Ritterliche und Verführerische in der Gestalt des Ruthwen so überzeugend und hinreißend zur Geltung zu bringen. Durch die meisterhaft inscenierte Aufführung des „Vampyr" mit Bulß und Reichmann in der Titelrolle hat die derzeitige kundige Berliner Generalintendanz ein Versäumnis nachgeholt, das man sich gegen Marschner hatte zu schulden kommen lassen, indem man seinen „Vampyr" bei seinen Lebzeiten auf der Königlichen Bühne überhaupt nicht zur Aufführung brachte. Als im Jahre 1828 Marschners Oper erschien, hatte man bereits einen nach einer Dichtung von Cäsar Max Heigel in Musik gesetzten „Vampyr" von Lindpainter, dem biederen aber phantasielosen Musikschulmeister und Komponisten von einunddreißig fast gänzlich unbekannt gebliebenen Opern angenommen — ohne ihn jemals zur Darstellung gelangen zu lassen. Die Berliner Musikalische Zeitung aber klagte Marschner ganz grundlos an, Lindpainter den Stoff weggenommen zu haben. Erst 29 Jahre nach Marschners Tod ließ der jetzige kunstsinnige Intendant Graf Bolko von Hochberg Marschners „Vampyr" in den Spielplan der Königl. Oper aufnehmen und bewirkte am 27. September 1890 die erste mustergültige Aufführung mit Bulß als Ruthwen. Berlin ausgenommen hatte der Vampyr im Jahre 1828 bald die Runde über alle bedeutenderen deutschen Bühnen gemacht und kam im Herbst im Covent-Garden-Theater zu London über sechzigmal zur Aufführung. Dieser außerordentliche Erfolg brachte Marschner die ehrenvolle Einladung, gleich Weber für die brittische Hauptstadt eine neue Oper zu schreiben. Voll Freuden machte sich Marschner an das Studium der englischen Sprache und wollte eben im Januar 1829 seine Reise nach England antreten, als die offizielle Nachricht eintraf: das Theater samt Bibliothek und Garderobe sei ein Raub der Flammen geworden und die verabredete Unternehmung müsse einer späteren besseren Zeit vorbehalten bleiben. Das war wohl eine recht unangenehme Enttäuschung, aber Marschners elastische jugendkräftige Natur ließ sich durch dies Mißgeschick nicht niederbeugen. Lebte er doch in Leipzig in den angenehmsten gesellschaftlichen Verhältnissen und charakterisiert der Stammbuchvers, den er einer Freundin ins Album schrieb, treffend seine damalige glückliche Stimmung:

„Dieses Dreie dünkt mir gut;
Lieder, Lieb' und froher Mut."

Ja, herrliche Lieder entquollen seiner sangesfrohen Brust, die Liebe seiner anmutigen Gattin war der Sonnenschein seiner Tage und frohen Mut gab ihm die Freundschaft, die ihn mit talentvollen und hervorragenden Persönlichkeiten der Kunst und Gelehrtenwelt verband. Der poetische Legationsrat W. Gerhardt begeisterte ihn zur Komposition herrlicher Männerchöre; die reichbegabte feinfühlige Kunstfreundin Henriette Voigt, die zu seinen wärmsten Verehrerinnen zählte, brachte ihn in ihrem Hause zum erstenmal mit Robert Schumann zusammen; kurz von allen Seiten als Künstler gefeiert und geehrt, bildete Marschner, obendrein wegen seines schlagfertigen gefunden Humors und heiteren geselligen Wesens allgemein beliebt, den Mittelpunkt eines regen litterarischen Kreises. Es existierte damals in Leipzig eine von Saphir nach dem Muster der Wiener Lublamshöhle gestiftete litterarisch-artistische Gesellschaft, genannt „Der Tunnel über der Pleiße", deren Schutzpatron Till Eulenspiegel war. Wöchentlich einmal kamen die Mitglieder, zuerst nur zweiundzwanzig an der Zahl, in einer obskuren Wirtschaft („Zum Pelikan" auf dem Neumarkt) zusammen, wohlbewaffnet mit „Spähnen", d. h. mit ausgearbeiteten Vorträgen über beliebige Themata, denen sich darauf die mündliche Diskussion zumeist in historisch-kritischer Weise anschloß. Eröffnet wurden die Sitzungen damit, daß der Präses feierlich einen Stiefelknecht hochhob, während die Teilnehmer nach der Melodie „God save the king" das schöne Lied dazu sangen:

„Seht doch wie feierlich,
Hebt sich der Stiefelknecht,
Stille nur, still!
Stört den Gesellschaft nicht,
Sonst straft den kühnen Wicht
Deklination."

Jedes Mitglied, „Makulatur" genannt, erhielt bei seiner Aufnahme einen nom de guerre und wurde bei diesem „Respekt" während der Versammlungen gerufen. So wurde der Freund und Verleger Marschners, der Musikalienhändler Hofmeister, einer der Beamten des Vereins, „Plinius cum notis variorum" genannt. Der Schriftsteller und Herausgeber des „Kometen", damals der litterarische Mittelpunkt Leipzigs, Dr. Herloßsohn, hieß „Faust der Auerbachshöfling". Der Musikdirektor des damals Königl. Leipziger Hoftheaters Heinrich Dorn, nachmaliger Berliner Hofkapellmeister „Gluck der Stachliche". G. W. Fink, den Redakteur der Allgemeinen musikalischen Zeitung nannte man „Palestrina den Besenbinder". Marschners Schwager, der Dichter und Schauspieler Wohlbrück wurde mit dem angenehmen Namen „Fleck der Kindesmörder" belegt und sein Kollege Schauspieler von

Nabehl „Kemble der Näblige" gerufen. Marschner selbst
hieß „Orpheus der Vampyr". Nachdem an den Vereins=
abenden einige Mitglieder mit Hilfe der „Spähne" ihr Licht
hatten leuchten lassen und man sich darüber die schnödesten
Komplimente gemacht hatte, folgte „der musikalische Tunnel",
dessen Seele natürlich Marschner war. Eine ganze Reihe
seiner für diese Vereinsabende besonders geschriebenen und
unter dem Titel „Tunnellieder" im Druck erschienenen
Männerquartette, wie „Brüder, laßt uns fröhlich sein", „Im
alten Faß zu Heidelberg, da sollt ihr mich begraben," „Wer
nur einen Tropfen Krätzer" gehören mit zu dem Besten, was
die ältere Litteratur des Männergesanges aufzuweisen hat.
Die schönste jener Zeit entsprossene Blüte ist das berühmte
Trinklied aus dem „Vampyr": „Im Herbst da muß man
trinken", das später als Einlage in „Robert und Bertram"
nochmals zur Geltung kam. Nur ungern sah man Marschner,
der sich dieser heiteren Gesellschaft mit einem wahren Herzens=
bedürfnis angeschlossen hatte, später Leipzig verlassen und da
ihn niemand ersetzen konnte, ließ die Gesellschaft das musi=
kalische Prinzip nach seinem Weggange gänzlich fallen. Um
den Ausfall zu ersetzen, verstiegen sich einige beliebte „Maku=
laturen" ins Mimisch=Plastische und Hochdramatische; man
veranstaltete halbjährlich auch von Damen besuchte Réunions
und nach und nach wuchs der ursprünglich enge Kreis zu
einer weitverzweigten Genossenschaft aus, die im Hotel de
Pologne bei Busch ihr eigenes Lokal besaß und lange Zeit
zu den hervorragenden Leipziger Vergnügungsvereinen gehörte.

An diese Pflegestätte heiterer Geselligkeit wurde Marschner
besonders auch durch seine enge Freundschaft mit dem durch
seinen kaustischen Witz bekannten Karl Herloßsohn, mit dem
er auch von Hannover aus in regem Briefwechsel blieb, ge=
fesselt und beide trieben manchen vergnügten, von echtem
Künstlerhumor zeugenden Scherz miteinander. Herloßsohn,
der Marschners Künstlerschaft außerordentlich hoch schätzte
und ihn manches seiner Gedichte in Musik zu setzen bat, war

von der Romanze aus dem „Vampyr", die neben dem köst=
lichen Trinklied „Im Herbst da muß man trinken" überall
gesungen wurde, höchst enthusiasmiert. Überall, wo er mit
Marschner zusammentraf, sang er ihm die Worte entgegen:
„Der blasse Mann ist ein Vampyr". Leider hatte nun Herloß=
sohn eine ziemlich heisere Stimme und ein so schlechtes musi=
kalisches Gehör, daß die schöne Melodie und noch viel mehr
Marschners empfindliches Ohr bei solcher Wiedergabe litt.
Es war an einem Abend der Michaelismesse, als Marschner
in den Speisesaal des Hotel de Pologne trat, wo sich
Herloßsohn bereits befand. Kaum erblickte ihn dieser, als er
auch schon zu krähen anfing: „Der blaße Mann ist ein
Vampyr", worauf Marschner ihn unterbrechend, in derselben
Melodie spöttisch fortfuhr:

„Gebt doch dem Armen ein Glas Bier,
Denn seine rauhe Kehle,
Zerreißt mir Herz und Seele."

Natürlich hatte Marschner die Lacher auf seiner Seite und
Herloßsohn, der von jenem Abend das Singen der Romanze
definitiv aufgab, mußte es sich gefallen lassen, von seinen
Freunden bei jeder passenden und unpassenden Gelegenheit:
„Gebt doch dem Armen ein Glas Bier" angesungen zu wer=
den. Unzählische Anekdoten dieser Art werden aus dem
künstlerischen Zusammenleben von Herloßsohn und Marschner
erzählt.

Ein anderes Geschichtchen, das zu jener Zeit passiert sein
soll und zeigt wie scharf der schlagfertige Meister auch wer=
den konnte, soll hier noch Platz finden. Eine Sängerin,
welche in Leipzig als Agathe im „Freischütz" gastierte, forcierte
ihre ohnehin scharfe und spitze Stimme bei der Probe in
unleiblicher Weise. Ganz verzweifelt bat endlich Marschner
mit kläglicher Stimme: „Aus Barmherzigkeit, Madame, singen
Sie doch Piano!" Darob natürlich große Entrüstung der
auf ihre Fähigkeiten sehr stolzen Dame und um Marschner
zu bestrafen, markierte sie fortan nur, b. h. sie öffnete nur

den Mund und that als ob sie sänge. Marschner dirigierte mit unerschütterlicher Ruhe die Kavatine zu Ende und als ihn die Sängerin spöttisch fragte: „Nun, Herr Marschner, habe ich Ihnen zu Dank gesungen?" erwiderte er lakonisch: „Ja, Madame! Ich wollte nur, Sie sängen diesen Abend die ganze Partie so." Der Hieb saß und die Sängerin gab sich von nun an die größte Mühe, Marschners Zufriedenheit zu erringen.

Über den geselligen Freuden vergaß Marschner nicht die ernste Arbeit, zu der er sich, nachdem die gewisse Aussicht auf einen guten Gewinn durch den Brand des Londoner Covent-Garden-Theaters in nichts zerronnen war, besonders angespornt fühlte. Es war damals gerade die Zeit des Walter Scott-Kultus und Marschner hatte aus der Lektüre des „Ivanhoe" die Überzeugung gewonnen, daß sich aus dem Roman wegen der darin vorhandenen trefflichen musikalischen Charaktere und Situationen ein interessantes Opernbuch machen ließe. Flugs scenierte er und besprach eifrigst mit Schwager Wohlbrück, der vorläufig sein dichterischer Adlatus blieb, das Weitere. Wohlbrück äußerte wohl wegen des überreichen Stoffes seine Bedenken, doch bald ward er von der Begeisterung des Komponisten fortgerissen und ging mit Eifer ans Werk. Bis zum März 1829 hatte er das Buch fertig gestellt und wie rasch es Marschner mit der Musik von statten ging, wissen wir aus seinem eigenen Munde. Er erzählt, daß, als er den „Templer" in seiner Wohnung am Leipziger Neumarkt komponierte, es ihm morgens im Bett keine Ruhe mehr ließ, daß er aufgesprungen sei und sich nicht einmal Zeit zum Ankleiden, geschweige denn zum Frühstücken gegönnt habe, um nur gleich wieder an seine Partitur zu kommen. Und so hat er denn auch die ganze große Oper in der unglaublich kurzen Zeit von fünf Monaten, vom März bis Juli 1829 fertig gestellt. Dabei fand er noch Zeit zum Reisen. Er wohnte der ersten Aufführung seines „Vampyr" im Großherzogl. Hoftheater zu Weimar am 20. April 1829 selbst bei.

Genast führte sich bei den Weimaranern mit dem Ruthwen, seiner Glanzrolle, ein. Natürlich sprach ihm Marschner bei diesem Wiedersehen von seinem neusten Werk, dem „Templer", und machte ihn besonders mit der Rolle des Bois Guilbert bekannt. Noch fehlte ihm eine Originalmelodie für das Lied Ivanhoes im dritten Aufzug. Da verschaffte ihm Genast ein Buch alter schottischer Schlachtgesänge, welches zu Anfang des 18. Jahrhunderts in Edinburg erschienen und im Besitz der Frau Ottilie von Goethe war. Die darin gefundene Anregung begeisterte Marschner zur Komposition der berühmten Romanze.

Nach Leipzig zurückgekehrt, schreibt er: „An meinem ‚Rebekkchen' arbeite ich fleißig und unausgesetzt, ob auch so mit Glück — wird die Zukunft entscheiden. Im Juli hoffe ich ganz fertig zu sein —"

Diese Hoffnung erfüllte sich allerdings, doch kam die Oper nicht zur sofortigen Aufführung. Folgendes war die Veranlassung. Die Dresdener Königl. Generalintendanz ging damit um, in Leipzig ein ihrer Leitung unterstehendes Hoftheater zu errichten und wünschte ihr Unternehmen mit Marschners neuer Oper „Templer und Jüdin" zu eröffnen. Selbstverständlich rief diese Neugründung, die übrigens schon am 31. Mai 1832 mit einem Deficit von 60 000 Thalern, die der König von Sachsen aus seiner Privatschatulle zahlen mußte, wieder einging, heftige Parteikämpfe hervor. Marschner wollte diese Stürme erst ruhig vorbeigehen lassen und auch das Personal des neuen Hoftheaters kennen lernen. Auf seine Bitte wurde die Aufführung seiner neuen Schöpfung verschoben und die Hoftheatersaison am 2. August 1829 mit einer anderen Vorstellung eröffnet. „Templer und Jüdin" aber wurde kurz vor Weihnachten am 22. Dezember 1829 zum erstenmal in Leipzig aufgeführt.

Der Erfolg war außerordentlich und die Oper verbreitete sich ebenso rasch wie der „Vampyr" über die deutsche Bühne. Trotz einzelner Anklänge an Carl Maria von Weber zeigen

sich Marschners eigentümliche Vorzüge freier von fremdem
Einfluß als in seinen früheren Werken und namentlich in
der musikalischen Formenbeherrschung tritt ein bedeutender
Fortschritt zu Tage. Der Komponist hat im „Templer" den
Geisterspuk, jenen charakteristischen Bestandteil der romantischen
Oper beiseite gelassen und Menschen von Fleisch und Blut
auf die Bühne gestellt. Er entrollt diesmal das Banner des
Real=Historischen und wird so zum ritterlichen Vorkämpfer
einer zur Thatkraft jugendlich aufblühenden Zeit. Schwung
und Kraft des dramatischen Ausdrucks finden wir mit einer
reichen Fülle anmutiger geistreicher und charakteristischer Musik
vereint und über alle dem liegt die Weihe des echten deutschen
Künstlersinnes ausgegossen. Die Wiedergabe ritterlicher Mo=
mente und eines tiefen kernigen Humors ist geradezu unüber=
trefflich und zu gleicher Zeit so gesund volkstümlich, daß keine
andere Oper an charakteristischer Schönheit solcher Scenen
diese übertrifft. Freilich ist die Erfindung so trefflicher musi=
kalischer Charaktere und Kontraste, des heißblütigen Templers,
der Dulderin Rebekka, des chevaleresken Ivanhoe, des sanges=
lustigen jovialen Bruder Tuck, des gutmütigen Narren
Wamba u. s. w. in erster Linie Walter Scotts Verdienst,
aber es gehörte eben das dramatische Talent, der Reichtum
musikalischer Erfindung eines Heinrich Marschner dazu, um
alle diese Figuren so drastisch zu illustrieren und uns in sol=
cher Lebenswahrheit vor Augen zu führen. Seine besondere
Begabung für die Zeichnung des Dämonischen offenbart sich
wieder in der Färbung des blindleidenschaftlichen, in seiner
Liebesraserei vor keinem Verbrechen zurückscheuenden Temp=
lers Bois Guilbert, dessen große Arie „Mich zu verschmähen?
Stolze, Undankbare!" Richard Wagner „mit ihrer vulkanischen,
alles durchbrechenden Leidenschaft, als eine Schöpfung von
größter Eigentümlichkeit der Empfindung und bedeutender,
stellenweise sogar genialer melodischer Erfindung" rühmt.
Dieser Hauptauftritt, Rebekkas Verurteilung und der Zwei=
kampf zwischen Ivanhoe und Bois Guilbert deckt sich beinahe

vollkommen mit dem gleichen Vorgang in Richard Wagners „Lohengrin". Der einzige wichtige Unterschied besteht darin, daß Rebekka einen ganzen Tag Frist erhält, um einen Vor= kämpfer für ihre Sache zu beschaffen, während Elsa auf des Königs Geheiß sofort einen Verteidiger stellen soll. Nicht allein steht die dramatische Wahrheit auf seiten Marschners, sondern auch seine Komposition nimmt an Reichtum der Empfindung wie an Tiefe der Spannung und des Gefühls einen höheren Rang ein. Auch Robert Schumann, dieser gewiß scharfe und unerbittliche Kritiker, der sich namentlich gegen neue Opern ablehnend genug verhielt, hatte den „Temp= ler" „mit großem Genuß gehört" und spendet ihm warmes Lob. Er nennt ihn einen Edelstein, zwar einen, „der sich nicht ganz von seiner rohen Hülle hat befreien können — aber doch im ganzen die bedeutendste deutsche Oper der neueren Zeit". Einzelne Nummern der Partitur, wie das Narrenlied: „'s wird besser gehn, 's wird besser gehn, die Welt ist rund und muß sich drehn", sowie die berühmte Introduktion des dritten Aktes, Ivanhoes Romanze zum Preis des Königs Richard Löwenherz: „Wer ist der Ritter hochgeehrt", mit dem Refrain: „Du stolzes England freue dich", haben die Popularität noch heute gesungener Volks= weisen erlangt.

Was die Oper trotz ihrer großen musikalischen Bedeu= tung immer mehr vom Spielplan verdrängt und ihren Ein= druck auf das Publikum schwächt, ist der unklare Text, der sich wie ein Bleigewicht an die reizvolle Musik hängt. Der Stoff des Scottschen Romans war so groß, daß Wohlbrück nur einzelne Bilder herausnehmen und durch eine Unmenge von Dialogen zu einem Ganzen verweben konnte. Isaak, Rowena, Löwenherz, Locksly hatten ganze Auftritte zu sprechen und fast nichts zu singen; sie wurden größtenteils durch Schau= spieler dargestellt. Da das Überwuchern des Dialogs — der auf unser an die Einheit einer durchaus gesungenen Oper gewöhntes Ohr doppelt befremdend wirkt — schon damals nicht mehr ertragen wurde, nahm der Komponist eine Umwandlung in Recitative vor, ohne jedoch in dieser Umgestaltung ganz konsequent zu bleiben. Dabei ließ er es nicht bewenden, sondern glaubte noch ziemlich ausgedehnte Ariososätze und Verlängerungen einiger Ensembles einfügen zu müssen. Durch all diese Veränderungen und Zusätze wurde das Verständnis noch mehr verdunkelt und man blieb lieber bei der Originalfassung. In jenen Tagen des Walter Scott-Kultus, wo jeder Gebildete und die meisten Ungebildeten ihren „Ivanhoe" im Kopfe und in der Tasche hatten, konnte das Publikum ja auch selbst bei großen Kürzungen des Dialogs die Handlung noch bequem verfolgen und überschauen. Heute aber, wo Walter Scott für den Zuschauer nicht mehr die unerläßliche geistige Nahrung bildet, wirkt die bunte mit noch so viel Bühnengeschick zusammengebrängte Handlung verwirrend. Wir sehen eine ganze Reihe farbenfrischer, teils anmutiger, teils erschütternder Vorgänge an uns vorüberziehen, stehen aber diesem stets wechselnden Gemälde, wenn wir nicht den motivierenden Zusammenhang aus Scott substituieren können, bald rat- und hilflos gegenüber und verlieren das Interesse. Dazu kommt, daß der Künstler hie und da mit etwas verschwommenen Farben gemalt hat. Das Schwelgen in Empfindung läßt ihn nicht zum Schluß kommen und treibt ihn zu melodischer Monotonie, zur Überfüllung der Harmonie und des Orchesters, das manchmal unvorteilhaft auf die Singstimmen drückt. All das zusammengenommen erzeugt Ermüdung und rächt sich an der Totalwirkung dieses Meisterwerkes. Es wäre eine verdienstvolle, edlen Schweißes würdige Arbeit, durch Ausscheidung des Veralteten und Vornahme der nötigen Kürzungen diese Perle Marschnerscher Kunst der Nachwelt zu erhalten. Gleich nach der ersten Aufführung hatte Marschner bedeutende Kürzungen im ersten Finale vorgenommen und setzte diese Arbeit nach Beendigung der Saison mit seinem Freund und Vereinsbruder, dem Musikdirektor des Leipziger Hoftheaters Heinrich

Dorn fort. Gerade in einer Besprechung über die nötigen Striche begriffen, wurden sie am 19. Mai 1830 durch den Besuch des damals 21jährigen Felix Mendelssohn überrascht, der auf seiner Reise nach Italien begriffen war. Er hatte Marschner schon 1826 in Berlin persönlich, als den Gatten der gefeierten Marianne Wohlbrück, aber noch nicht als Komponisten kennen gelernt. Dies wurde nun in Leipzig in Reichels Garten gehörig nachgeholt und das dort versammelte Trifolium sang den ganzen „Templer" mit und ohne Strich durch. Darauf unterbreitete der Berliner Gast sein mitgebrachtes neuestes Werk, die „Reformationssymphonie" Marschner zur Durchsicht, der ihm einige Kürzungen empfahl. Dorn erbat sich das Werk zur ersten Aufführung für die im Theater bevorstehende Pfingstfeier und Mendelssohn versprach eine Kopie der Partitur von Weimar aus zu senden. Die Symphonie traf jedoch erst drei Tage nach Pfingsten ein. Entschuldigend schreibt Mendelssohn, er habe mehrere Änderungen vorgenommen, einiges Neue hinzu und vieles Alte weggethan und bittet, die Symphonie Marschner abermals vorzulegen, „ob ihm die Kürzungen im letzten Stück genügen (wie ich hoffe)". Er beendet den Brief mit den Worten: „Marschner bitte ich recht herzlich von mir zu grüßen und ihm für seine Freundlichkeit und Güte und für die schönen Dinge, die er mich hat hören und genießen lassen, noch einmal meinen Dank zu sagen."

„Der Templer und die Jüdin" war in Berlin am 3. August 1831 mit Eduard Devrient als Bois Guilbert zur ersten Aufführung gekommen. Marschner, der dieser Vorstellung gar zu gern beigewohnt hätte, ließ sich von seinem gerade in Berlin weilenden Schwager Wohlbrück Bericht erstatten. Dessen begeisterte Schilderung, die durch Devrients eigenen Bericht ergänzt und vervollständigt wurde, spiegelte den Gesamteindruck, der durch die gleichzeitige herunterreißende Kritik des in Schlesingers Verlag erscheinenden „Freimütigen" — eines von Spontini inspirierten Blattes — nicht geschwächt werden konnte.

In der ersten Hälfte des Jahres 1830 erhielt der jetzt berühmt gewordene Komponist von verschiedenen Seiten Anträge zur Übernahme ehrenvoller amtlicher Stellungen, doch zog er noch seine völlige Unabhängigkeit vor und folgte lieber der Einladung des Königstädtischen Theaters in Berlin, für diese Bühne, die damals unter ihrem Begründer und Chef Karl Friedrich Cerf in ihrer höchsten Blüte stand, eine Oper heiteren Inhalts zu schreiben. Auf der Suche nach einem guten Stoff kam ihm wieder sein Schwager Wohlbrück zu Hilfe. Wohlbrück hatte nach einer Novelle des fruchtbaren Romanschriftstellers Karl Spindler eine Operndichtung: „Des Falkners Braut" unternommen, die er anfänglich durch den Kapellmeister Heinrich Dorn in Musik setzen lassen wollte. Der Stoff gefiel Dorn, doch äußerte er seine Bedenken, ob er zu einer zweiaktigen Oper ausreichen werde und Wohlbrück schien seine Einwürfe für begründet zu halten. Zu Dorns Erstaunen machte ihm Wohlbrück kurz darauf die Mitteilung, er habe Marschner von der Sache Kenntnis gegeben und mit diesem bereits die Verabredung getroffen, zu den zwei Aufzügen noch einen dritten hinzuzufügen, den Mangel an eigentlichem Material aber durch episodische Lagerscenen zu ersetzen. Dorn verzichtete nun zu Gunsten Marschners, ohne auch diesem seine gesteigerten Befürchtungen zu verhehlen; leider ohne Erfolg. Marschner machte sich rasch an die Fertigstellung der neuen Oper, deren Hauptpartie, den Gaskogner Chaque fannes, der damals an der Königstadt engagierte treffliche Sänger Joseph Spitzeder, nachmaliger bayerischer Hofschauspieler, singen sollte. Mit ausführlichem Behagen bearbeitete Marschner namentlich die von ihm eingefügten Chöre der Bauern und Soldaten und schon Ende 1830 sandte er die fertige Partitur an Cerf, der 400 Thaler für das Werk ausgesetzt hatte. Die Oper wurde sofort auf den Spielplan gesetzt und die erste Aufführung, die Anfang Februar 1831 stattfinden sollte, in Vorbereitung genommen, als der Generalintendant der Königl. Schauspiele zu Berlin, Graf Wilhelm Friedrich von Redern,

Einspruch erhob. Die Intendanz beabsichtige das neue Werk selbst zuerst aufzuführen — wozu sie nach den damaligen gesetzlichen Bestimmungen berechtigt war — die Oper stehe schon auf dem Königl. Repertoire und dürfe deshalb nicht auf der Königstädtischen Bühne gegeben werden. Alles Protestieren des Direktors Cerf war vergeblich und schließlich schickte er dem Komponisten kurzerhand die Partitur nebst den Königl. Reskripten zurück mit der Bitte, anders über die Oper zu verfügen. Nun wandte sich Marschner, der das Honorar schon in der Tasche zu haben glaubte, selbst an Redern. Dieser erwiderte, erst müsse der „Templer" gegeben werden, gefiele dieser, dann stände der Aufführung von „Falkners Braut" nichts im Wege. „Templer und Jüdin" wurde, wie oben erwähnt, am 3. August 1831 gegeben. Marschner verwandte sich gleich darauf wieder bei Graf Redern für seine neuste Oper — ohne überhaupt eine Antwort zu erhalten. Im Oktober fragte der Komponist, der auch mit seinem Verleger wegen der Verzögerung Verdrießlichkeiten bekommen hatte, an, ob er nicht Partitur und Buch von „Falkners Braut" einschicken dürfe, damit sie vorläufig wenigstens ausgeschrieben werden könnten. Dieser Wunsch wurde ihm zwar erfüllt — aber wieder erhielt er keine Antwort. Erst volle acht Jahre später am 10. April 1838 bekam Berlin „Des Falkners Braut" zum erstenmal zu hören, nachdem die Oper vorher fast in allen größeren Städten, zum erstenmal am Stadttheater in Leipzig am 10. März 1832 aufgeführt worden war. Sie war nicht ohne Erfolg geblieben, hatte aber weder so großen noch so nachhaltigen Erfolg als die beiden früheren Werke des Meisters gehabt. Heinrich Dorn hatte mit seinen Befürchtungen hinsichtlich des ungenügenden Stoffes nur zu recht. Die Lagerscenen, in denen Marschner zwar ganz ausgezeichnete Genrebilder geschaffen hatte, paßten nicht in die Oper und hielten die Handlung auf. Trotz einzelner sehr schöner Musikstücke und trotz der großen Beliebtheit des Komponisten konnte sich die Oper nicht auf den Spielplänen halten.

Es dürfte von Interesse sein, die Gründe zu erörtern, aus denen man in Berlin den damals in seiner Blütezeit stehenden Komponisten eine derartige Vernachlässigung und Zurücksetzung wie bei Gelegenheit von „Falkners Braut" zu teil werden ließ. Auch bei sonstigen Anlässen führte der Meister darüber Klage; es genügte später, den bloßen Namen Berlin zu nennen, um ihn zu verstimmen. Und es ist Thatsache, daß Marschner in Berlin, vielleicht einzig unter allen deutschen Städten, niemals rechten Boden finden konnte. Wir haben den Grund in dem bedeutenden Marschner-feindlichen Einfluß zu suchen, der von dem damaligen, seinem Charakter nach ja hinlänglich bekannten Hofkapellmeister Gasparo Spontini ausging. Dieser 1820 nach Berlin berufene ausgesprochene Liebling des Königs hatte die unumschränkte Herrschaft über Oper und Hofmusik und ließ Marschner einfach nicht aufkommen. Mit Recht fürchtete er den mächtigen Rivalen in ihm und suchte durch niedrige Intriguen, die er fortwährend anzettelte, die Aufführung der Marschnerschen Opern zu hintertreiben. Der urdeutsche Marschner, der von den Italienern überhaupt nichts wissen wollte und sie immer nur die „Inis und Ettis" nannte, war sich dieser Gegnerschaft wohl bewußt und erkannte richtig in ihr den Grund seiner Zurücksetzung. Das beweisen seine Worte an Eduard Devrient vom 15. Juli 1831: „Es scheint mir fast, als säße zu Berlin eine heimliche Musik-Feme zu Stuhle, die, was ihr not zu thun scheint, über Gerechte und Ungerechte streng Gericht hält. Ich bin nur froh, daß ich weit vom Schuß bin, denn das in contumaciam verurteilen thut eigentlich einem ehrlichen Kerl nicht weh." Dies zielte auf Spontini, der, wie Ludwig Rellstab, der bedeutende Musikkritiker der Vossischen Zeitung, einer der energischsten Gegner Spontinis äußerte, „mit eiserner Faust" in Berlin herrschte und dessen ganze Glanzperiode dem Wesen deutscher Musik, von der er keinen Begriff hatte, äußerst verderblich war. Schon durch die Wahl der Dirigenten, welche bis auf die grands ouvrages

— so nannte er seine Opern — das übrige Opernrepertoire versahen, hatte Spontini hinlänglich dafür gesorgt, daß die glanzvollen Wirkungen des Orchesters nur von seiner persönlichen Leitung abhängig blieben und die Mittelmäßigkeit der Aufführungen im allgemeinen dem imponierenden Reize der seinigen zur Folie dienten. Auch nennt Marschner seinen Feind ganz offen mit Namen und spottet ironisch darüber, daß er die Rührung über Spontinis Wohlthaten nicht unterdrücken kann und will. „Gott lohn' es ihm!" Marschner, der in seiner bekannten Derbheit auch an anderen Orten aus seiner Gesinnung kein Hehl machte, konnte nur gegen den schlauen Italiener, der des Königs Ohr und Gunst besaß, nichts ausrichten. Leider ließ er sich dann auch zu bitteren Kritiken über die Berliner Theaterverhältnisse im allgemeinen hinreißen, die — von seinem Standpunkte aus wohl erklärlich — doch sicher in gehässiger Weise entstellt dazu benutzt wurden, ihn in Berlin unmöglich zu machen. Wie tief sein Selbstgefühl verletzt war, verraten die an Devrient gerichteten Worte: „Gebäre Deutschland auch zehn Spontini, nicht einer würde einen König von Preußen finden!" oder an anderer Stelle: „Es ist zu unverantwortlich, wie deutsche Komponisten in Berlin behandelt werden." Als nach dem Tode Karl Friedrich Zelters, des Direktors der Singakademie, das Gerücht sich verbreitete, Spontini rücke an Zelters Stelle und sein Amt an der Königl. Oper werde frei, äußert Marschner: „Da melde ich mich gleich, natürlich als Marschnero oder Margenerino, denn als deutscher M. (Sie können auch Michel lesen) werde ich da wohl zu nichts als einer Unterlieutenantsstelle kommen." Solche und ähnliche Äußerungen bei anderen Gelegenheiten gemacht und von seinen Feinden ausgebeutet, wurden in Berlin auch bei Hofe von ungünstigem Einfluß für ihn, so daß der im richtigen Bewußtsein seines künstlerischen Wertes liegende Trost, daß „in dem spröden Berlin, nicht einmal Deutschland, geschweige denn die Welt" sei, ihn nicht stets

über das bittere Gefühl der Vernachläſſigung hinweghelfen
konnte. Von beſonderem Nachteil aber war, daß Marſchner
überhaupt ſchon durch ſeinen Mangel an Zurückhaltung, durch
ſeine Differenzen mit der Dresdener Hoftheaterintendanz und
verſchiedenen Verdrießlichkeiten, die in Leipzig auch nicht aus=
blieben, in den Ruf einer gewiſſen Unverträglichkeit gekommen
war, ein Umſtand, der auch auf ſeine künftige Stellung von
vornherein einen Schatten werfen ſollte.

Hannover 1831—1861. — „Hans Heiling.“ — Kunſt= reiſe nach Kopenhagen.

Noch mit der Kompoſition von „Falkners Braut“ be=
ſchäftigt, erhielt Marſchner im Auguſt 1830 vom Königl.
Hoftheater zu Hannover den ehrenvollen Ruf, die vakant ge=
wordene Stelle des Hofkapellmeiſters einzunehmen. Dieſen
Antrag glaubte Marſchner, der freilich ſeine perſönliche Un=
gebundenheit gern bewahrt hätte, ſchon in Rückſicht auf ſeine
Familie doch nicht ausſchlagen zu dürfen und er ſchloß einen
Kontrakt ab, der zunächſt vom 1. April 1831 bis zum gleichen
Datum des Jahres 1832 lief.

Ein Feld reichſter Wirkſamkeit ſollte ſich Marſchner, der
jetzt in ſeiner vollſten Mannesblüte und Schaffensluſt ſtand,
in Hannover eröffnen. Gleich im erſten Jahr ſeines dortigen
Aufenthaltes ſchuf er ſein bedeutendſtes Werk, das ihm einen
Weltruf errang und ihn ebenbürtig neben die großen Opern=
komponiſten unſerer Zeit ſtellt. Und er ſollte auch dieſe
Stätte ſeiner höchſten Erfolge nicht wieder verlaſſen. Nahezu
drei Jahrzehnte wirkte er unter großer Popularität und brachte
das ſeiner Leitung unterſtehende Orcheſter zu hohem Ruhme.

Das Gehalt des Herrn Hofkapellmeiſters war freilich nicht
groß: 1000 Thaler und im Winter ſollte er ein Konzert zu
ſeinem Benefiz veranſtalten dürfen. In einem Brief vom
7. Oktober 1830 beſtätigt der Komponiſt den Empfang ſeines
Kontraktes und der Inſtruktion.

Da der interimistische Kapellmeister Praeger (für den verstorbenen Kapellmeister Sutor) noch bis April 1831 seine Gage fortbezog, ohne dienstlich verwertet zu werden, so erbot sich Marschner, bereits Neujahr seinen Dienst anzutreten, ohne Gehalt zu beziehen. Der Chef des Königl. Orchesters Graf von Platen-Hallermünde, Vater des nachmaligen Intendanten und Orchesterchefs, nahm dies Anerbieten an und bewilligte Marschner dafür das Reisegeld von Leipzig nach Hannover für ihn und seine Familie, sowie eine Wohnungsvergütung von hundert Thalern. Am 19. Dezember 1830 traf Marschner mit seiner Familie in Hannover ein, um mit Neujahr seine Amtsthätigkeit zu beginnen.

Zur ersten Opernvorstellung hatte Marschner den „Don Juan" gewählt, ein Beweis, daß er vor allem die deutschen Meister hochschätzte und zu Ehren bringen wollte. In demselben Bestreben führte er bald darauf auch Spohrs „Jessonda" am Königl. Hoftheater ein; auch seine eigenen Opern wurden nicht vergessen und — so der „Templer" am 23. Februar 1831 — vom Publikum mit lebhaftem Beifall aufgenommen. Um diese Zeit übersandte ihm Dr. Klingemann aus Braunschweig das Libretto: „Das Schloß am Ätna" und Marschner wollte schon die Komposition beginnen, als ihm im Sommer 1831 anonym ein Textbuch zuging. Sofort wurde sein ganzes Interesse durch diese Dichtung, die ihm einen seiner eigentümlichen Vorliebe und Begabung so recht entsprechenden Gestaltungsstoff darbot, gefangen genommen und er beschloß zu ihren Gunsten vorläufig das Buch „Das Schloß am Ätna" zurückzulegen.

Es war das Textbuch zum „Hans Heiling".

Gleich dem „Vampyr" dem Gebiete der Romantik angehörend, behandelt der Stoff das wunderbar-geheimnisvolle Hereinragen einer übersinnlichen Welt in die Menschenwelt, wie es die Gestaltungen der Volkssage so gern widerspiegeln. Nur ist das gespenstische Halbdunkel der Geisterwelt weit mehr menschlich gemildert wie im „Vampyr". Kein grausiger Spuk flößt uns Entsetzen ein, vielmehr wird die so vielen Dichtungen älterer und neuerer Zeit zum Mittelpunkt oder Hintergrund dienende Liebe zwischen Elementargeistern und Menschenkindern, die nach der Natur der Sache immer einen tragischen Ausgang nimmt, in ergreifender Weise zur Darstellung gebracht. Der Dichter, der nach einem Roman von Heinrich Spieß eine deutsch-böhmische Volkssage frei wiedergiebt, erzählt uns von Hans Heiling, dem finstern Sohn der Königin der Erbgeister, der Krone und Scepter niederlegen und zum Menschen werden will, um seiner Erdenliebe zur schönen Anna nicht entsagen zu müssen. Ungehört bleiben die Bitten der Mutter, die Drohungen der Geisterschar — nur wenn sein „Herz gebrochen" verspricht er zurückzukehren. Trotz seiner feurigen hinreißenden Liebe vermag er jedoch Annas Neigung nicht zu gewinnen. Vergebens sucht er sie durch reiche Geschenke zu bestechen. Als sie erfährt, daß er „der Geisterfürst der Berge" sei, flüchtet die schwache Erdentochter, der er sogar seine Geisterherrschaft geopfert hat, in die Arme des von ihr geliebten Jägers Konrad mit den Worten: „Schütze mich! Er ist ein Erbgeist!" Heilings „Herz ist gebrochen, sein Kranz ist verblüht" und trostlos kehrt er in die Geisterwelt zurück. Noch einmal eilt er rachesschnaubend zum Hochzeitsfest der Liebenden empor, um beide zu verderben, da erscheint seine Mutter, die Geisterkönigin in ihrer ganzen feenhaften Pracht und Herrlichkeit und führt den Sohn mit liebevollen, zu Frieden und Versöhnung mahnenden Worten in ihr unterirdisches Reich zurück. Das Liebespaar aber geht fröhlich seinem jungen Glück entgegen. Die eigentliche Sage läßt Heilings Rache gelingen und durch sein Machtwort den ganzen Hochzeitszug samt den vorausgehenden Priester zu Stein erstarren. Noch heute zeigt man zwischen Karlsbad und Elbogen die Hans Heilingsfelsen.

Wer war nun der Verfasser dieser Marschner so mächtig fesselnden Dichtung? Und warum nannte er nicht seinen Namen?

Wie sich bald herausstellte, war es der Berliner Hofopernsänger Eduard Devrient, dem verdientermaßen ein Teil an der Ehre des Erfolges der Oper zugeschrieben werden muß. Neben seiner erfolgreichen Bühnenthätigkeit ging noch eine schriftstellerische einher, deren erstes im Druck bekannt gewordenes Produkt die Dichtung zu „Hans Heiling" ist. Devrients innige Freundschaft mit dem um acht Jahre jüngeren Felix Mendelssohn-Bartholdy, war die Veranlassung zu dieser Operndichtung gewesen. Er wollte den damals achtzehnjährigen genialen Freund durchaus zu einer dramatischen Komposition, von der er die größte Ausbeute der ganzen künstlerischen Eigentümlichkeit Mendelssohns erwartete, bewegen. Nach langem Hin- und Hersuchen glaubte er durch eine Bearbeitung der „Hans Heiling"-Sage der Schöpfungskraft Mendelssohns Raum schaffen zu können und ging ohne ein Wort verlauten zu lassen an die Arbeit. Im Sommer 1827 hatte er — damals 26 Jahre alt — das Buch zu seiner Zufriedenheit vollendet und las es Felix, der begierig war, den Stoff kennen zu lernen, im kleinen Garten seiner in Pankow bei Berlin gelegenen Wohnung zum erstenmal vor. Mendelssohn nahm lebhaften Anteil und erbat sich das Gedicht, um es genauer kennen zu lernen. In der Folgezeit vermied er jedoch, davon zu sprechen und bekannte endlich im Herbst auf Devrients bringende Frage: er könne sich für das Gedicht und seinen Gegenstand nicht erwärmen; die Gestalt des Heiling sei ihm unsympathisch, Devrients Verse sprächen ihn nicht an; kurz und gut, ohne innere Überzeugung könne er nicht an die Arbeit gehen, sonst würde doch nicht daraus, was daraus werden sollte.

Selbstverständlich nahm diese offne Aussprache keinen weiteren Einfluß auf die Freundschaft der beiden jungen Männer, aber Devrient hatte vorläufig doch die Freude an seinem Werk völlig verloren und wagte es keinem anderen Musiker anzubieten.

Erst 1831, nachdem schon der „Vampyr" und der „Templer"

den Namen ihres Komponisten berühmt gemacht hatten, kam Devrient der Gedanke, die Dichtung dem großen Sänger des Dämonischen einzusenden, jedoch — eingeschüchtert durch die erfahrene bittere Ablehnung — anonym. Er lüftete auch nicht persönlich den Schleier seiner Anonymität, sondern erst durch Emil Devrient erfuhr Marschner, daß dessen Bruder Eduard Devrient der Verfasser des „Hans Heiling" sei. Sofort sandte ihm Marschner einen äußerst schmeichelhaften Brief, in dem er bekannte, daß ihm beim bloßen Lesen der packenden Dichtung die Ideen nur so zuströmten und daß er sich um keinen Preis wieder von diesem Buch trennen möchte. Es entstand nun zwischen Dichter und Komponist ein reger Briefwechsel, der im Laufe der mit so viel Liebe geförderten Arbeit zu einem innigen Freundschaftsbündnis führte.

Devrient hatte sofort seinem Intimus Mendelssohn, der auf einer im Mai 1830 angetretenen italienischen Reise weilte, von der Annahme Marschners Mitteilung gemacht. Mendelssohn antwortete am 27. August 1831 von Luzern aus mit folgenden Marschner warm anerkennenden Worten: „Daß Marschner den ‚Heiling' komponiert, freut mich ungemein und zwar deswegen, weil ich glaube, daß kein Mensch jetzt ihn so gut hätte komponieren können, wie der und weil ich fest überzeugt bin, daß die Oper einen großen Effekt machen wird mit seiner Musik... Er wird gewiß seine beste Oper daraus machen. Übrigens ist sein ‚Templer' so sehr viel besser, als seine vorigen Sachen, daß gewiß vom ‚Templer' zum ‚Heiling' wieder ein Fortschritt sein wird, und so hast du große Freude an deinem Gedicht zu erwarten."

Der Erfolg des „Heiling" sollte bald zeigen, wie recht Mendelssohn in dieser schönen neidlosen, wie eine Prophezeiung klingenden Beurteilung Marschners hatte.

Zu seinem größten Leidwesen ließen Marschner seine Berufsgeschäfte viel zu wenig an seine Komposition kommen und er mußte sich die Zeit zu seinen brieflichen Besprechungen mit Devrient geradezu stehlen. Am 21. September 1831 sandte er Devrient die ersten zwei Nummern (Nr. 3, Arie des Hans: „An jenem Tage" und Nr. 6, Lied des Konrad: „Ein spröbes allerliebstes Kind") zur Probe, um zu erfahren, ob er auch „stich= und strichfest" sei. „Ich glaube in Nr. 3 den Charakter des Hans (eigentlich sein Porträt) gut getroffen zu haben. Seine übermenschliche Glut, im Lieben wie im Hassen, die Kürze und Hast 2c. getrau ich mir nicht besser in Tönen darzustellen. Es sollte mich freuen, fänden Sie das auch so, aber auch nicht wundern, wenn Sie es nicht fänden!"

Nachdem Marschner sich ausführlich über seine Auffassung des „Heiling" ausgesprochen, wünscht er sich mit Devrient wegen der Bedingungen zu einigen. An seinen Schwager Wohlbrück und den im Januar 1831 verstorbenen Klinge= mann, der ihm das Buch: „Das Schloß am Ätna" lieferte, habe er für das Eigentum des Buches (mit Ausschluß des Rechtes, das Buch drucken und im Buchhandel erscheinen zu lassen) 35 Louisdor gezahlt und zwar nach der ersten Auf= führung der Oper an irgend einem Ort. Freudig dankt er, als ihm Devrient durch eine zusagende Antwort schnell über diesen ihm „schmerzlichsten Punkt der Erörterung" hinweg= hilft. Seine verdrießliche Stimmung, über die er klagt und die ihn förmlich in den Schoß seiner Familie vergraben und so wenig als möglich an alles Geschäftliche denken läßt, wird aus einer Eingabe klar, die er am 5. Februar 1832 an den Reichsgrafen von Platen, den Chef des Orchesters macht: „Eine elfmonatliche Erfahrung hat mich gelehrt, daß die Lei= tung der hiesigen Oper fast alle meine Zeit und Kräfte in immerwährenden Anspruch nimmt, und daß es mir bei der hier herrschenden Teuerung unmöglich ist, bei einem fixen Gehalt von 1000 Thalern mit Familie anständig und an= gemessen zu subsistieren. In früheren, sehr wohlfeilen Zeiten hatte z. B. der letzte churfürstliche Kapellmeister Haendel

1500 Reichsthaler Kassengeld ... Sutor hinterließ seiner Witwe nur Schulden und dem Publikum die Anforderung an dessen Mildthätigkeit, daß es nun mit mir auch dahin kommen müßte, ist gewiß, indem das verflossene Jahr, in welchem ich 800 Reichsthaler zusetzte, den Beweis dazu liefert." Ferner erbat er sich die gänzliche Enthebung von der Direktion von Melodramen und kleinen Singspielen, wofür ein Musikdirektor da sei. Graf Platen schlug dem König Wilhelm IV. von Großbritannien, unter dessen Regierung damals noch Hannover stand, eine Gehaltserhöhung auf 1200 Thaler vor, befürwortete aber nur eine weitere Anstellung auf fünf Jahre, da man nicht wissen könne, ob das Verhalten des Kapellmeisters in Anbetracht seiner „Unverträglichkeit in Dresden und Leipzig auch hierorts gut bleiben werde." Doch sei eine Erleichterung der Pflichten Marschners „nicht stattnehmig, da er nur mehr Zeit zum Komponieren finden wolle."

Mit derartigen Existenzsorgen muß sich also der gefeierte Schöpfer des „Vampyr" und des „Templer" herumschlagen, während der Italiener Spontini in Berlin neben Gewährung vieler sonstiger Vorteile ein Fixum von 10 000 Thalern bezieht. Und während Marschner an dem Meisterwerk seines Lebens schafft, muß er sich die Zeit dazu an seinen Musestunden abkargen, weil es „nicht stattnehmig" ist, ihm mehr Zeit zum Komponieren zu lassen. In unserer Zeit der goldenen Honorare sei als interessant noch erwähnt, daß Marschner für dieses Meisterwerk von seinem Freund und Verleger Hofmeister 800 Thaler, ebensoviel wie für „Templer und Jüdin" erhielt.

Kein Wunder, wenn wir Marschner immer wieder in bringlichen Eingaben um Erhöhung seines Gehaltes, um lebenslängliche Anstellung und Pensionsrecht kämpfen sehen.

Zunächst ward seinem Wunsch um Gehaltserhöhung in einem Königl. vom 9. März 1832 datierten Erlaß Folge gegeben. Er sollte 1200 Thaler erhalten, sein Kontrakt indessen mit dem Rechte jährlicher Kündigung fortlaufen. In der Folgezeit stieg sein Gehalt, da er noch ein jährliches Extraordinarium von hundert Thalern aus der Hoftheater=kasse erhielt, „um ihm zufrieden zu stellen", auf 1300 Thaler. Die günstigere äußere Lage hatte auch eine glückliche be=lebende Rückwirkung auf Marschners Gemütsstimmung und freudig berichtet er am ersten Osterfeiertag des Jahres 1832 Devrient von seinem Werk: „Jetzt bin ich, was man so sagt, gut im Zuge, und jeder Tag sieht etwas Neues entstehen, so daß ich mit Zuversicht hoffe, Ihnen in einigen Monaten die Vollendung der Oper anzeigen und dann auch zuschicken zu können." Und im Juli 1832, als er nur noch das Lied von Stephan (Nr. 16: „Es wollte vor Zeiten ein Waid=mann freiu") und das Finale zu schreiben hat, erzählt er von den verflossenen Monden: „Ich hatte keine Ruh und Rast. Saß ich bei Tisch oder lag ich im Bett, immer dachte ich an Heiling, und was sich so nach und nach bildete und festsetzte, brachte ich dann in Erholungsstunden rasch zu Papier. Ich habe an nichts mit größerer Liebe gearbeitet, möge diese Arbeit denn auch mit Liebe aufgenommen werden." Zu weiteren Probesendungen als die beiden Anfangsnummern (Nr. 3 und 6) hatte er sich also nicht verstehen können und lehnte das diesbezügliche Ersuchen Devrients auch ganz offen ab. „Vorher" (vor Beendigung) „möcht' ich nicht gern mich zu einzelnen Einsendungen, die keinen allgemeinen Überblick und Totaleindruck gewähren, genötigt sehen, da es leicht kommen könnte, daß Einzelnes, nicht ins gehörige Licht tretend, von Ihnen mißverstanden werde, was mich im Erguß meines jetzt vermeintlich glücklichen Schaffens gar leicht stören könnte... Steht alles erst fertig da, läßt sich alles ruhiger und behag=licher überschauen, als in der Fieberhitze des Gebärens, wo man nur froh ist, des Gegenstandes ledig zu werden". Es sei ihm nicht möglich, sagt er ein anderes Mal, sich vor Be=endigung des Ganzen davon zu trennen. Nur der gute Genius seiner Kunst, seine geliebte Marianne war auserlesen, an dem musikalischen Entstehen der Oper Schritt für Schritt teilzunehmen. Ihr spielt er die einzelnen Nummern vor, ihren künstlerischen Rat holt er ein, ihrem sachverständigen Urteil unterbreitet er alles und ist beglückt, als sie den melodischen Teil der Musik „reich und neu" findet. Froher Hoffnung voll ruft er aus: „Ich habe aus voller Seele, mit tiefstem Gefühl gesungen, und so wird mein Sang ja wieder Seelen treffen, die dabei fühlen werden."

Im folgenden Monat ist endlich das große Werk vollendet und sofort schreibt er an Devrient:

Hannover, den 14. August 1832.

Ich melde Ihnen das wichtige Ereignis, das ich heute, Schlag fünf Uhr (nachmittags)

Hans Heiling

vollendet habe.

Der hohe Wöchner befindet sich höchst wohl, leicht und in freudiger Stimmung.

Ich lasse gleich das Kind duplieren und schicke dann die Kopie, damit hohe Kommission Buch und Partitur zugleich beschnüffeln und zu einem Beschlusse kommen kann, wenn das überhaupt so schnell geht. Soviel aber sag ich Ihnen, sind Sie in Berlin nicht recht fix, so gebe ich die Oper hier noch früher, folglich zuerst; und das wäre Ihnen doch nicht recht. Also munter! Leben Sie wohl und fassen Sie sich nur noch kurze Zeit in Geduld, dann werden Sie herrlich belohnt werden durch

Ihren Komponist

H. Marschner.

Anfang September erhielt Devrient die sehnlichst erwartete Partitur. Felix Mendelssohn-Bartholdy, der im Juli 1832 von seiner zweijährigen italienischen Reise, die ihn auf dem Rückweg über Paris und London geführt hatte, nach Berlin zurückgekehrt war, erwartete das Werk mit fast eben so großer Spannung als der Dichter. Sofort nach Eintreffen der Oper ward er nebst dem damals noch nicht zwanzigjährigen Wilhelm Taubert gerufen und nun gingen beide daran, die Partitur vierhändig zu spielen und nebenbei Devrient und seine Frau Therese im Singen zu unterstützen. Devrient war nicht ganz mit dem ersten Eindruck der Oper zufrieden. Er vermißte des öfteren die klare dramatische Entwicklung der Situation, uneingeengte Deklamation und freien Ausdruck. „Ich hatte zu empfinden," schreibt er, „wie nachteilig es ist, wenn Dichter und Komponist nicht zusammenarbeiten, nicht ihre Intentionen unausgesetzt persönlich austauschen und ausgleichen können." Da warf sich Mendelssohn zum warmen Verteidiger der Marschnerschen Komposition auf und hob die vielen großen musikalischen Schönheiten hervor. Ja, der junge Künstler, der sich selbst so sehr nach einem guten Buch sehnte, sah jetzt ein klein wenig neidisch auf diese gelungene Arbeit und machte Devrient Vorwürfe, daß er seine besten Sachen für andere schreibe, so daß dieser in komischer Entrüstung ausrief: „Habe ich den ‚Heiling‘ nicht einzig für dich geschrieben und hast du ihn nicht verschmäht?"

Indessen wurde die Partitur immer aufs neue durchgenommen und probiert, Verbesserungen besprochen und aus dem ausgedehnten Freundeskreis ein großes Personal gebildet, das sich eifrig an diesen Proben beteiligte. Bald hatte das große Werk auch des Dichters Herz völlig gefangen genommen, so daß ihm schon am 24. September Marschner freudig für das Lob, das ihn beinahe erröten gemacht habe, danken kann. Hatte er doch ebenso schmerzlich wie Devrient den persönlichen Gedankenaustausch vermißt und er gesteht jetzt offen: „Es war beim Arbeiten an diesem Werke keine geringe Pein, immerwährend denken zu müssen: dabei hat sich der Dichter, Gott weiß was vorgestellt, wird das, was du geschaffen, auch seinen Ideen entsprechen? . . . Ich suspendierte die Zusendung von Einzelheiten, um Sie später durch Darlegung des Ganzen auf einmal auf den richtigen Standpunkt der Beurteilung zu stellen. Der Erfolg hat mein Verfahren gerechtfertiget . . ."

Nachdem Dichter und Komponist sich noch über einzelne
Änderungen geeinigt hatten, galt es nun, die Oper zur baldigen Aufführung zu bringen. Das wollte freilich nicht so
rasch gehen, denn Ehren=Spontini ließ wieder seine Intriguen
spielen. Devrient, der trotz des bei seiner Künstlerschaft großen
Einflusses nichts auszurichten vermochte, wurde ganz niedergeschlagen, so daß ihn selbst Marschner noch trösten muß und
am 11. Januar 1833 schreibt: „Wenn bei unserer ‚Heiling'=
schen Angelegenheit schon Ihr Latein zu Ende ist, wie soll es
erst da mit dem meinigen stehen? Du lieber Gott! Gegen
Neid, Bosheit und Schwäche sind unsrer beiden Waffen zu
schwach anzukämpfen und Sie haben ganz recht, sich der Geduld in die Arme zu werfen. Unrecht aber würden Sie
haben, wollten Sie dabei nur irgend eine Gelegenheit versäumen, wo Sie der Sache einen neuen Stoß versetzen
könnten. Was Sie mir geraten, will ich befolgen, und noch
heute an Graf Redern schreiben. Aber das wird eben so
wenig verfangen und die Sache befördern, als I h r e Schritte
deshalb. Ich wollt', ich wäre in Berlin bekannter und zwar
mit einigen Journalisten, damit ich Ihnen den Stand der
Dinge mitteilen und sie anspornen könnte, die Sache vors
Publikum zu bringen mit gewissen maliziösen Bemerkungen
à la methode de Basilio." Auf den wirklich künstlerischen
Rellstab konnte man leider nicht rechnen, da er sich, wegen
Beleidigung des allmächtigen Spontini einmal zu einer sechswöchentlichen Gefängnisstrafe verurteilt, durch seine Heftigkeit in den Ruf der Parteilichkeit gebracht hatte.

So verstrich der Februar, der März, der April — ohne
„Hans Heiling".

Am 18. April versuchte Marschner wieder Devrient seiner
gedrückten Stimmung zu entreißen: „Es thut mir immer leid,
aus Ihren mir stets lieben Briefen ersehen zu müssen, wie Sie
sich über die uns werdenden Chikanen wirklich kränken. Ich
fühle sie gewiß so tief als Sie, aber ich werde nur darüber
entrüstet und dabei bleibt man mindestens gesund ... Man hat

mich in verschiedenen Zungen bald in den Himmel gehoben, bald in den tiefsten Kot getreten. Seitdem ich aber in ruhiger Überlegung gefunden habe, daß aus letzterm mehr als aus ersterm **deutsche** Unsterblichkeit hervorgeblüht hat, bin ich zum **juste milieu** übergetreten, und habe da eine Ruhe gefunden, die mich in ungestörter Lust die ewig heiter und herrlich strahlende Kunst bewundern, mit stoischer Gleichgültigkeit aber auch das erbärmliche sublunarische Kunsttreiben verachten läßt." Doch hatte er dabei nicht versäumt, den Intendanten Graf Redern an die Erfüllung seines gegebenen Wortes zu erinnern und gegen eine Aufführung des „Hans Heiling" nach dem Mai 1833 feierlich zu protestieren. Auch Devrient wandte noch einmal seinen ganzen Einfluß auf und das beiderseitige energische Drängen versagte schließlich nicht den gewünschten Erfolg.

Am 24. Mai 1833 kam „Hans Heiling" an der Königl. Hofoper zu Berlin zur ersten Aufführung. Eduard Devrient, der Verfasser der Dichtung, sang die Titelrolle und auch Marschner war von Hannover herübergeeilt, um diesem ersten Schritt, den das Lieblingskind seiner Muse in die Welt unternehmen sollte, beizuwohnen. Das Werk fand beim Publikum so großen Beifall, daß sich Marschner, trotz ablehnender Haltung der Berliner Kritik, in die glücklichste Stimmung versetzt fühlte. Der Erfolg schlang um beide treue Arbeitsgefährten das Band der Freundschaft noch enger und fortan begrüßten sie sich mit dem traulichen „du".

Nach Hannover zurückgekehrt teilte Marschner nach herzlichem Dank für die ihm in Devrients Familienkreis zu teil gewordene Liebe und Güte dem Freunde mit, daß Ringelhardt, der nach dem Eingehen des Leipziger Hoftheaters, seit dem Mai 1832 Direktor des Leipziger, nun wieder städtischen Theaters geworden war, ihn **bringend** nach Leipzig eingeladen habe, um die ersten zwei Vorstellungen des „Hans Heiling" selbst zu leiten. Auch Direktor Mühling habe sich schon die Oper für Aachen gesichert; Frankfurt wolle sie zur

Michaelismesse und in Hannover sei sie für den September auf dem Spielplan.

Zunächst folgte Marschner dem Rufe nach seinem geliebten Leipzig, wo er auch bei der Kritik eine ungleich bessere Aufnahme als in Berlin zu finden hoffte. Zu seinem Schrecken vernahm er bei seiner Ankunft, daß im Personal, das bereits mit dem Studium der Oper begonnen hatte, ungünstige Urteile über den „Heiling" verbreitet seien. Kurz entschlossen übernahm er selbst das Einüben seines Werkes. Gänzlich verfehlte Tempi wurden richtig gestellt, ausgelassene wichtige Stellen wieder aufgenommen, alle verfügbaren Kräfte mit kundiger Hand zusammengefaßt und mit fachmännischem Geschick verwertet — und nicht lange währte es, so hatte die Begeisterung des Meisters alle Mitwirkenden ergriffen und Lust und Liebe war an Stelle der früheren Voreingenommenheit getreten. Bald drangen die günstigen Gerüchte auch ins Publikum und als am 19. Juli 1833 der Aufführungsabend heranrückte, war das Haus gedrückt voll. Der beispiellose Enthusiasmus, mit dem die unter Marschners persönlicher Leitung gegebene Oper vom Publikum und der gesamten Presse aufgenommen wurde, entschied ihr künftiges Schicksal und ebnete ihr den Weg über alle deutschen Bühnen. Ehren aller Art wurden dem glücklichen Künstler dargebracht und unter allen den hohen Titeln und Auszeichnungen, die er sich in seinem späteren Leben noch erwerben sollte, hielt er keinen so wert, wie den „Doktor", mit welchem die sächsische Landesuniversität nach dieser ersten Leipziger Aufführung des „Hans Heiling" ihren früheren Bürger auszeichnete.

Mit dem „Hans Heiling," in dem sich das Talent des Komponisten am Charakteristischsten und zugleich am Volkstümlichsten ausspricht, hatte Marschner den Gipfel- und Höhepunkt seines künstlerischen Wirkens erreicht. An die Stelle jugendlichen Überschäumens und empfindsamen Schwelgens, das ihn in früheren Werken oft nicht zu Ende kommen ließ, ist die Reife künstlerischer Ruhe und Abgeklärtheit getreten.

5*

Sein musikalischer Stil ist einwandslos glatt, formvoll abgerundet, knapp und eigenartig; die Erfindung ist edel, der Situation entsprechend. Frisch und üppig entquellen dem reichen Born seiner Phantasie die Melodien, die den tragischen Momenten ebenso gerecht zu werden wissen wie den heiteren. Wie weiß er Heilings übermenschliche Glut im Lieben wie im Hassen darzustellen. Man denke an die Leidenschaftlichkeit seiner ersten Arie („An jenem Tag"), die hinter der des verwandten „Vampyr" nicht zurücksteht, aber nie ins Maßlose geht. Dann wieder die herzgewinnende Anmut in Konrads Liebeswerbung! Welch tief schmerzliche Innigkeit in der ersten Scene zwischen „Heiling" und seiner Mutter! Welch liebenswürdige Mädchengestalt voll kindlicher Heiterkeit und naiver Selbstgefälligkeit giebt er uns in Anna, deren inneres Grauen vor dem unheimlichen Geisterfürsten er ebenfalls meisterlich zum Ausdruck bringt. Welch köstlicher Humor lacht aus der Arie Nr. 6 („Ein spröbes allerliebstes Kind"), aus dem Liede des Stephan vom Waidmann, der vorzeiten freien wollte. (Nr. 16.) Welche Anmut liegt in dem Liede der Brautjungfern beim Verbinden der Augen! Überall finden wir die Gegensätze heiterer Menschlichkeit und düsteren Geisterwebens ebenso originell als treffend charakterisiert. Alles Vorzüge, die schon das Lob des „Freischütz" für alle Zeiten feststellten, dem wir auch allein den „Hans Heiling" vergleichen möchten. In ihm finden wir dieselbe Naturwahrheit der Charaktere, dieselbe Originalität der Musik, dieselbe Volkstümlichkeit des Inhalts, dieselbe dem deutschen Volkscharakter so sympathische Waldesherrlichkeit, die uns Herz und Sinne gefangen nimmt. Echt deutsches Gemütsleben, Wehmut, Sehnsucht und Liebe quellen uns aus den Tönen des „Hans Heiling" entgegen. Sie zeigen uns die verborgenen Schätze und Geheimnisse der Tiefe, sie malen uns ergreifend der Liebe Lust und Leid, sie lassen den sanften, alle Schmerzen heilenden Zauber der Natur auf uns wirken. Es ist als ob wir den Pulsschlag des eigenen Herzens vernähmen.

Aber auch die schon im „Vampyr" und „Templer" bemerkten, auf den musikalischen Eigentümlichkeiten des Komponisten beruhenden Schwächen treten im „Heiling" in der Behandlung des Orchesters zu Tage, in der Marschner Webers lichten Glanz nie erreicht hat. Wir finden wieder die mit nervöser Unruhe hin- und herspringende Modulation, das fortwährende, monoton werdende Figurieren der Geigen, die übermäßige Verwendung des verminderten Septimen- und kleinen Nonenaccords und oft allzu volle Instrumentierung: Schwächen freilich, die im Vergleich zu den vielen Vorzügen den Wert der Oper nicht gefährden können. Hätte der Meister nur den in diesem Werke erreichten Schwung, die naturwüchsige Kraft des dramatischen Ausdrucks auch in seinen folgenden Opern zu bewahren vermocht, seine Kunst hätte eine weit höhere Stelle in der Geschichte der deutschen Oper eingenommen. Außerhalb Deutschlands, nur Kopenhagen ausgenommen, hat Marschners „Hans Heiling" wenig Verständnis gefunden. Diese Oper ist zu innig mit dem deutschen Volksgeist verwebt, stammt zu sehr aus der romantischen Schule, die ihren Herzschlag nur in Deutschland gefunden, als daß sie ein anderes Volk nachfühlen könnte. Der ganze echte, wenngleich einseitige Zauber der deutschen Romantik webt in dieser Musik. Jetzt, jener Periode entwachsen, fühlen auch wir uns von ihren musikalischen Erzeugnissen oft seltsam und fremd berührt, besonders durch das Hereinragen der Geisterwelt, die Beeinflussung menschlicher Handlungen durch Erd- und Wassergeister, Feuergeister, Teufelsfratzen und Ungeheuer, Elfen und Nixen. Allein wenn nun auch die romantische Geisteroper nach „Hans Heiling" mit dem „Fliegenden Holländer" und der „Loreley" ihr letztes Ende gefunden hat, so dürfen wir uns doch noch heute ihrer Schönheiten erfreuen, wenn wir nicht wahre Edelsteine musikalischen Schaffens beiseite schieben wollen. Echte Musik und echte Poesie, wie wir sie im „Hans Heiling" finden, sind nie dem Wandel des Geschmackes und der Mode unterworfen und werden — des sind wir gewiß — zu allen Zeiten im deutschen Herzen vollen Anklang finden.

Von Leipzig nach Hannover zurückgekehrt, machte sich Marschner an die Vorbereitungen zur dortigen Aufführung des „Heiling", die denn auch am 30. September 1833 unter großem Beifall von statten ging und worin sich einer der vorzüglichsten Marschnersänger, der beim Publikum außerordentlich beliebte Baritonist Traugott Gey — genannt Papa Gey — den besonderen Dank des Komponisten verdiente.

Für die kommende Zeit gab sich der durch sein Amt ohnehin schon außerordentlich in Anspruch genommene Künstler klugerweise einer verdienten Ruhe und Sammlung hin, bis er im Jahre 1835 das Buch des verstorbenen Klingemann: „Das Schloß am Ätna" wieder hervorholte und mit der Komposition begann. Im Frühjahr des folgenden Jahres war die Oper vollendet und Marschner hatte gerade mit den Proben begonnen, als er durch einen von hoher Stelle ausgehenden Wunsch veranlaßt wurde, dieselben vorläufig abzubrechen und dagegen mit dem Einüben der Bellinischen Oper: „La Straniera" (Die Fremde) zu beginnen. Marschner fühlte sich durch diese Zurücksetzung seines Werkes hinter den Italiener ziemlich verletzt und betrachtete es als eine Erlösung, als er im März 1836 eine Einladung nach Kopenhagen erhielt, seinen „Hans Heiling" daselbst persönlich in Scene zu setzen und selbst zu dirigieren.

Schon bei seiner Ankunft in dem nordischen Venedig von zahlreichen Verehrern seiner Muse mit Jubel empfangen, fand er auch bei Hof eine zuvorkommende ehrenvolle Aufnahme. Seine Majestät der König, der an dem lebhaften freimütigen Wesen des Künstlers Gefallen gefunden hatte, empfing ihn sehr häufig, und namentlich war es der Erbprinz, später Christian VIII., der Marschner besonders auszeichnete und, da er aus seiner Vorliebe für italienische Musik kein Hehl machte, den Meister oft zu kunstkritischen Wortgefechten herausforderte. Auch veranlaßte er die Abhaltung von größeren und kleineren Hofkonzerten, an denen Marschner und seine Gattin, ohne die er die große Reise nicht hatte unternehmen wollen, sich mit Vorträgen beteiligten. Daneben füllten Lustpartieen und Festessen aller Art, aber auch häufige gewissenhafte Proben die rasch dahineilende Zeit aus. Endlich war im April der Aufführungstag der Oper, für die die Eintrittspreise aufs drei- bis vierfache gestiegen waren herangerückt. Das Haus war ausverkauft. Der ganze Hof, selbst der König, der mehrere Jahre lang kein Theater besucht hatte, war erschienen. Als der Komponist an das Dirigentenpult trat, ward er mit einem Beifallssturm begrüßt und Blumen und Kränze wurden ihm schon jetzt in reicher Fülle zugeworfen. Die Beifallsbezeugungen steigerten sich mit jeder Nummer der nun beginnenden Oper und die Begeisterung des Publikums über die auch seinem nationalen Empfinden so recht entsprechende Musik kannte keine Grenzen mehr. Die Studenten brachten dem Künstler einen Fackelzug; Oehlenschläger, Dänemarks größter Dichter, der die Romantik im Norden einführte, feierte ihn in klingenden Versen; kurz alle Kreise der Gesellschaft wetteiferten, den deutschen Künstler mit Ehren und Aufmerksamkeiten zu überhäufen. Auch gab man ihm zu verstehen, daß man ihm die vakante Stelle eines Hofkapellmeisters sofort übertragen würde, falls er gewillt sei, den Posten anzunehmen. Marschner entzückt und geschmeichelt durch die Huldigungen der letzten Wochen und Tage war dem Wunsche, ihn zu halten nicht abgeneigt, doch immerhin zu vorsichtig, ohne weiteres in Verhandlungen darüber einzutreten.

Sein ferneres thatsächliches Verbleiben in Hannover sucht man fast allgemein mit folgender hübschen, des Eindrucks nicht verfehlenden Geschichte zu begründen. Überhäuft mit Ehren, Geschenken und reichem Gewinn sei Marschner im Mai 1836 nach Hannover, wohin die Kunde seiner Erfolge schon vorausgeeilt war, zurückgekommen. Da hätten die Mitglieder der Kapelle und des Theaters, denen sich Tausende von Hannoveranern anschlossen, ihrem Kapellmeister am Abend seiner Rückkehr einen glänzenden Fackelzug gebracht und ihn in freier und gebundener Rede gebeten, bei ihnen zu bleiben. Beglückt durch die Wahrnehmung, „auch hier geehrt und geliebt zu sein", habe der warmfühlende leicht bewegte Marschner laut und öffentlich versprochen: Hannover nie zu verlassen und allen Lockungen trotzend an seinem Manneswort festgehalten. So wenig wir den Eindruck, den eine solch glänzende Ovation, solch öffentliche Beweise der Anhänglichkeit auf Marschners leicht empfängliches Gemüt gemacht haben, bestreiten wollen — ausschlaggebend für eine Ablehnung der Kopenhagener Stellung sind sie jedenfalls nicht gewesen. Lediglich Gründe praktischer Natur waren es, die Marschner ein Verbleiben in seiner Hannöverschen Stellung vorziehen ließen. In allen seinen Handlungen bestimmte ihn in erster Linie die Rücksicht auf seine Familie. Marschner war nicht bloß ein großer genialer Künstler, der nach Ruhm und Erfolg strebte, sondern auch ein selten treuer gewissenhafter Familienvater, der in seiner Ehe mit Marianne Wohlbrück das Glück seines Lebens gefunden hatte. Bis zum Jahre 1841 waren dem Bunde dieser beiden ausgezeichneten Menschen zehn Kinder entsprossen. Da galt es bei den ärmlichen Hannöverschen Gehaltsverhältnissen vor allem auch ein guter Rechenmeister sein und ein Für und Wider reiflich erwägen, ehe man mit einem so großen Hausstand eine durchgreifende Änderung aller Verhältnisse wagte, wie es eine Auswanderung gewesen sein würde. Daß diese Erwägungen — die Marschners Charakter jedenfalls noch mehr Ehre machen wie obige sentimental gefärbte Geschichte — und nur sie maßgebend gewesen sind, sollen Worte aus Marschners eigenem Mund beweisen, die er an einen in Kopenhagen neu gewonnenen Freund und Verehrer, den Komponisten J. P. E. Hartmann richtete. Der dänische Hof hatte den von ihm so hoch geschätzten Künstler im Jahre 1840 durch Verleihung des Danebrog-Ordens ausgezeichnet und ließ bald darauf wieder unter der Hand bei ihm Anfrage halten, ob er die Kapellmeisterstelle in Kopenhagen unter Umständen annehmen würde. Da schrieb Marschner am 20. November 1841 unter anderem an Hartmann: „Was Sie mir über die Besetzung der Kapellmeisterstelle in Kopenhagen schreiben, ist sehr gütig und schmeichelhaft. Ist Ihr kunstsinniger König Willens, die so lange vakant gebliebene Stelle eines Kapellmeisters durch eine deutsche Kunstnotabilität zu besetzen, so ist das für deutsche Kunst und ihre Priester eine eben so ehrende als schmeichelhafte Anerkennung ... Fiele die Wahl ... auf mich, würde ich mich keinen Augenblick besinnen, dieselbe anzunehmen, vorausgesetzt die Bedingungen dabei sowie die ganze Stellung wären der Art, daß sie nicht nur Ersatz, sondern wesentliche Vorteile böten. Wer in seinem Vaterlande eine ehrenvolle und ersprießliche Stellung einnimmt, kann nur durch wesentliche Vorteile zu seinem und der Seinen Besten bestimmt werden, dieselbe aufzugeben und eine neue Heimat in einem fremden Lande zu suchen. Wer aber wird sein Vaterland, seine ehrenvolle und ersprießliche Stellung einer prekären fünfjährigen Probeanstellung aufopfern? Gewiß niemand, dessen Stellung der meinigen gleicht. Ich würde ja der leichtsinnigste und gewissenloseste aller Familienväter sein, wollte ich eine lebenslängliche Anstellung mit Pension für mich und die Meinigen, mit Aussicht und Einfluß auf das spätere Fortkommen meiner Kinder — gegen eine ungewisse, nur fünfjährige, und wenn auch noch so lukrative Anstellung vertauschen. Bin ich aber so glücklich, daß die Wahl auf mich fällt, geht man von der fünfjährigen Probeanstellung ab und ist der mir zu machende Antrag der Art, daß ich mich in Kopenhagen glücklich und behaglich fühlen kann, so werde ich mich dadurch nicht nur sehr geehrt fühlen, sondern auch gern und mit dem besten Willen ‚alles zu leisten, was ich vermag‘, zu Ihnen kommen."

Obwohl Marschner thatsächlich damals noch nicht offiziell lebenslänglich angestellt, sondern sein Kontrakt nur vom Jahre 1837 auf weitere 15 Jahre mit Aussicht auf Pension verlängert war, hoffte er doch von einem Jahr zum andern das Dekret seiner lebenslänglichen Anstellung zu erhalten und er glaubte sowohl damals wie schon im Jahre 1836 aus denselben, im obigen Briefe angeführten Gründen, unter denen die Rücksicht auf das zukünftige Wohl und die dauernde Sicherstellung seiner Familie der wichtigste ist, sein Hannöversches Amt nicht aufgeben zu dürfen. Und diese Gründe waren auch noch ausschlaggebend für ein Verbleiben in seiner Stellung, als der dänische Hof im Jahre 1843 einen Ruf mit einem Gehaltsangebot von über 3000 Thalern, also mehr als doppelt so viel als er in Hannover erhielt, an ihn ergehen ließ.

———

„Schloß am Ätna." — „Baebu." — „Adolf von Nassau."

Nach seiner von den Hannoveranern jubelnd begrüßten Rückkehr aus Kopenhagen im Mai 1836 nahm Marschner mit gewohntem Eifer seine amtliche Thätigkeit wieder auf; er begann seine Proben zum „Schloß am Ätna" wieder und brachte die Oper, die er dem König Friedrich VI. von Dänemark widmete, schon am 5. Juni 1836 zur Aufführung. Obgleich sie einen schönen Erfolg zu verzeichnen hatte und bald ihren Weg über die Theater zu Kopenhagen, Amsterdam und Breslau u. s. w. fand, stand sie doch hinter den letzten Opern weit zurück. In Kürze sei der Gang der Handlung angedeutet: Nach einem fröhlichen Winzerreigen tritt Helene auf und klagt um ihr verlorenes Liebesglück. Vergebens sucht sie ihr Oheim Wratislaw zu trösten. Helenens Bräutigam Wilhelm hat ihr die Treue gebrochen und sich der stolzen Adelheid zugewandt. Diese aber verschmäht ihn; ihr Sinn steht nach ungemessenen Reichtümern, nach einem Fürstenthron und willig verkauft sie um Rang und Reichtum ihr Seelenheil. Der Böse naht sich ihr in der Gestalt des Marchese del Orco, des Besitzers des Schlosses am Ätna und bietet ihr alles, was ihr Herz begehrt. Doch muß sie ihm mit ihrem Blut einen Vertrag unterschreiben, daß sie in

Ewigkeit sein eigen sei und selbst der Himmel ihrer Liebe zu ihm keine Schranken setzen dürfe. Nach einigem Zögern erfüllt sie des Teufels Gebot, ja sie reicht sogar auf sein Geheiß dem sie warnenden Wilhelm einen vergifteten Ring. Wilhelm wird jedoch durch Helenens bringendes Gebet gerettet. Mit den Worten: „Hoch in Flammen sollst du thronen, hast nach Glut dich ja gesehnt" zieht der falsche Marchese Adelheid mit sich in den sich öffnenden Höllenschlund, während Wilhelm reuig zu der ihm gern verzeihenden Helene zurückkehrt.

Hauptschuld an dem wenig nachhaltigen Erfolg hatte die mittelmäßige Dichtung Klingemanns, die übrigens Marschner in einem Brief an seinen Freund Dr. Herloßsohn in Schutz nimmt. Die Musik erfreute sich noch lange in Privatmusikaufführungen großer Beliebtheit.

Gleich nach dieser Oper begann Marschner die sehr beliebt gewordenen Stieglitzschen „Bilder des Orients" in Musik zu setzen, die er bei Fröhlich u. Co., Berlin (Op. 90) in zwei Heften von je sechs Nummern erscheinen ließ und für die er ein Honorar von 12 Louisdor erhielt. Später, im Jahre 1848 veranstaltete der Meister eine neue gleich umfangreiche Folge (Op. 142) dieser durch tiefpoetische Auffassung und köstliche nationale Charakterisierung so berühmt gewordenen Lieder, die er am 26. August Kästner in Leipzig unter denselben Bedingungen mit den Worten anbot: „Ich mache nicht gern den Selbstlobredner, aber behaupten darf ich wohl, daß diese neue Folge der ersteren gewiß nicht nachsteht und vielleicht noch mehr Freunde finden dürfte." Recht bescheiden klingen doch diese Worte — und man hat dem Meister des öftern Mangel an dieser Tugend vorgeworfen — wenn man die enthusiastische Beurteilung vernimmt, die kein anderer als Robert Schumann, diesen Kompositionen zu teil werden ließ: „Bilder sind es, die du hier empfängst, lieber Leser — Bilder in silbernen und goldenen Rahmen, darauf du die Liebesgeschichte zwischen Rose und Nachtigall sehen kannst, oder

Hafis' selig schauende Gestalt oder ziehende Karawanen oder schnaubende Maurenrosse. Schon die Gedichte wie aus einem morgenländischen Quell über Ananasfrüchte dahinfließend und der Sänger fängt die Flut in köstlichen Schalen auf! Erlabe sich jeder an solcher Musik, an solchem Doppelleben in Sprache und Musik; hier lebt und flüstert alles, fühlt sich jede Silbe, jeder Ton; zwei Musiker begegneten und verstanden sich... So scheint sich, wo man nur aufschlägt, Reiz, Frische, Eigentümlichkeit und Schönheit dieser Lieder nach allen Seiten hin zu steigern, daß ich nicht weiß, welchem einzelnen der Preis gebühre. Ehre also dem Meister!"

Das Jahr 1837 brachte Marschner lieben Besuch; sein Schwager Wilhelm Wohlbrück war aus Petersburg, wo er Engagement zu finden gehofft hatte, zurückgekehrt und sprach bei ihm vor. Er kam dem Komponisten, den schon wieder Pläne und Entwürfe für eine neue Oper beschäftigten, gerade gelegen. Wohlbrück hatte keine rechte Lust, aber dem stürmischen Drängen seines heißblütigen Schwagers konnte er schließlich doch nicht widerstehen und machte sich nach ausführlichen Besprechnngen an die Arbeit. Das Resultat war das Buch zu der dreiaktigen Oper: „Der Baebu", dessen Komposition Marschner sofort mit dem gewohnten Feuereifer unternahm. Folgendes ist die einfache, im Orient spielende Handlung: Der faule habgierige Baebu sucht den ehrlichen Ali um seine Güter zu betrügen und es gelingt ihm, vor Gericht durch eine gefälschte Urkunde Recht zu erhalten. Außerdem läßt er Alis Tochter Dilafrose, die den jungen Forester innig liebt, von seinen vermummten Sklaven entführen und hält sie gefangen. Dilafrose weiß jedoch dem trunkenen Völler gegenüber ihre Ehre zu wahren. Bald stürmt Forester, der unterdessen die Urkundenfälschung Baebus entdeckt hat, das Haus, läßt den Betrüger vor Gericht schleppen und feiert seine Wiedervereinigung mit der Geliebten.

Noch vor Jahresschluß war die Partitur vollendet und der Künstler beschloß, da er in der eigentümlichen Begabung und der Erscheinung der damals in Hannover engagierten Sängerin Herbst=Jazedé eine für seine Hauptrolle (Dilafrose) wie geschaffene Persönlichkeit gefunden zu haben glaubte, die Oper entgegen seiner Gewohnheit in Hannover zur ersten Aufführung zu bringen. Er sollte sich in seinen Erwartungen nicht getäuscht sehen. Frau Herbst=Jazedé verhalf in der Première am 19. Februar 1838 der Oper durch ihr Spiel und ihren Gesang zu einem Erfolg, der mehrere Wiederholungen der Oper nach sich zog. Freilich gehörte eben auch ein besonderes Talent wie das jener begabten Sängerin dazu, sollte die Hauptpartie und mit ihr die ganze Oper zur Geltung kommen. Da man nicht überall über derartige Darstellerinnen verfügte, fand die Oper über Hannover hinaus keine weitere Verbreitung; zumal ihr auch außerdem das eben auftauchende, vom Publikum mit großem Beifall aufgenommene Melodiengeklingel Bellinis und Donizettis große Konkurrenz machte.

Obgleich Marschner in der folgenden Zeit mehrere ehrenvolle öffentliche Auszeichnungen, so 1840 den Danebrogorden, 1841 die K. Hannöversche Große Goldene Medaille für Kunst und Wissenschaft sowie mehrere Ehrendiplome erhielt, bewahrte er doch ein strenges Stillschweigen. Nur einige Liederkompositionen stammen aus dieser Zeit, von denen die Erwähnenswerteste die bei Hofmeister in Leipzig erschienene Konzertpièce „Klänge aus dem Osten" ist. Die Lektüre der „Lebensbilder aus dem Osten" hatte seiner leicht beweglichen Phantasie eine Welt neuer Charaktere und Situationen erschlossen, die in Tönen zu schildern es seinen Geist unablässig drängte. Die anfänglich für die Bühne gedachte Komposition formte er wegen des allzureichen Stoffes dann für den Konzertsaal und ließ sie am 22. Oktober 1840 im dritten der rühmlich bekannten Leipziger Abonnementskonzerte zur Aufführung bringen. Robert Schumann, der Kritiken über diese Konzerte schrieb, urteilt darüber: „Zum Schluß des Abends hörten wir noch eine Komposition (nach Manuskript) von Heinrich Marschner; sie verhieß etwas ganz Neues und gab es auch in der Form. ‚Klänge aus dem Osten' war sie genannt und brachte eine Ouverture, Lieder und Chöre, die sich ohne Unterbrechung aneinander reihten. Das Gedicht zur Marschnerschen Komposition beruht auf einem orientalischen Liebesverhältnis, das indes vom Dichter ziemlich prosaisch und allgemein gehalten war... hätte vielleicht ein Rückert dem Komponisten die Hand zum Werke geliehen, es wäre etwas tieferes wirkendes zu Tage gekommen. Immerhin müssen wir den Anfang loben, zu dem sich der Komponist ermutigt fühlte, den andere nur weiterzuführen brauchen, um den Konzertsaal mit einer neuen Gattung Musik zu bereichern... (Die Komposition hat viele reizende Partien; dies gilt im einzelnen von der Ouverture...) Das Ganze, das wir später einmal wiederholt wünschen, erhielt lebhaften Beifall."

Eine andere, ebenfalls von Schumann sehr günstig beurteilte Komposition Marschners aus dieser Zeit, ist das große Trio (G-Moll, Op. 111) bei Hoffmann in Leipzig. Schumann schreibt: „Es ist dieses Trio das erste größere Kammermusikstück von Marschner, das wir kennen lernen. Und wie es an einem älteren Künstler immer erfreut, wenn er sich in neuen Gattungen versucht, gleichsam zum Selbstgeständnis, daß er sich selbst noch nicht am Ziele glaubt, daß er noch ein warmes Streben in sich bewahre, so waren wir auch über die Erscheinung erfreut, deren genauere Bekanntschaft unser günstiges Vorurteil auch nichts weniger abschwächte. Zwar wir sind nicht blind gegen die einzelnen Mängel auch dieses Werkes... Dagegen thut aber die Marschner immer eigentümliche Frische wohl, die forteilende Bewegung des Ganzen, die sichere Hand, mit der er die einzelnen Sätze charakteristisch hinzustellen weiß. Man findet somit in dem Trio ungefähr denselben Künstler wieder, als man ihn aus seinen großen dramatischen Arbeiten kennt. Das Einzelne, das Detail ist nicht immer das Vorzügliche; das Ganze aber ist's, die Totalwirkung, die den Mangel kunstreicher gediegener Detailarbeit wenn nicht vergessen, so doch übersehen läßt...

Bei Marschner dominiert meistens die Oberstimme; zu tieferen Kombinationen zu gelangen ist es, als gönne er sich die Zeit nicht; es reißt ihn unwiderstehlich nur nach dem Ende, nach der Vollendung des Stückes hin. Ähnlich dem wirken auch seine Kompositionen; man fühlt sich fortgerissen, geblendet; große Talentzüge blitzen uns überall entgegen; bei genauerer Untersuchung stellen sich aber auch die oberflächlicher behandelten Seiten der Komposition heraus. In einem Bilde zu sprechen: er giebt uns die goldenen Früchte seines Talentes oft in irdenen Schalen. Seien wir denn vor allem dankbar gegen jene, gegen die Lichtseiten des Trios..."

Zu einem größeren Bühnenwerk kam der Meister in diesen Jahren nicht. Schwere Krankheits= ja Todesfälle in der Familie beugten Marschners sonst so heitere sangesfrohe Natur, wie auch die beschränkten pekuniären Verhältnisse seiner Stellung auf ihn drückten und ihm die rechte Schaffensfreudigkeit nahmen. Wie demütigend mußte dieses Kämpfen und Petitionieren um Gehaltserhöhung sein, das stets nur eine momentane Extrabewilligung, oder nur teilweise Aufbesserung zur Folge hatte. Und doch wurde er nicht müde, immer wieder darum einzukommen. Am 18. April 1842 reichte er direkt an den König eine Bittschrift ein, in der es heißt: „Seit elf Jahren habe ich die Ehre, als Kapellmeister in Ew. Königl. Majestät Diensten zu stehen und die Genugthuung, durch rastlose Bemühung die Leistung der Königlichen Kapelle und Oper auf eine Stufe der Vollendung gebracht zu haben, daß sie nicht nur weitverbreiteten Ruf erlangt haben, sondern auch so glücklich waren, Ew. Königl. Majestät Allerhöchsteigne und die des erhabnen hohen Kenners, unseres Allverehrten Kronprinzen Königl. Hoheit lobende und beglückende Anerkennung zu erhalten. Diese Allerhöchste beglückende Würdigung und die Freude an meinem Werke ließen mich mehrmals auswärtige vorteilhafte Positionen ausschlagen, hoffend, Ew. Königl. Majestät allbekannte Munifizenz werde mir später das nicht versagen, was unbedeutenderen Künstlern häufig selbst von kleineren Höfen gewährt wird. Es giebt keinen Kapellmeister, der einen so geringen Gehalt bezöge als ich. Alle meine Kollegen, selbst die in Kassel, Dessau, Stuttgart stehen sich an 2000 Thaler und darüber. Und ich, der ich so unendlich beschäftigt bin, muß mich seit elf Jahren mit dreizehnhundert Thaler behelfen und davon **vierzehn Menschen anständig erhalten**. Das war nur möglich, so lange ich **jährlich sieben- bis achthundert Thaler zusetzen konnte**. Dies geschah von den **Erträgen meiner Opern, die ich gehofft hatte, einst meinen Kindern als ein Erbteil zu hinterlassen**. Sie sind aufgezehrt und ich habe künftig nichts mehr zuzusetzen."

Graf Platen, zu dem Marschner erst seit dem Ableben des Königs Ernst August in eine gespannte Stimmung geraten zu sein scheint, befürwortete das Gesuch, wie er überhaupt den König darum bat, die ganze Lage des Orchesters, die wirklich eine traurige zu nennen war, zu verbessern. Inwieweit der König letzterem Wunsch willfahrte, vermögen wir hier nicht zu entscheiden, jedenfalls aber erhielt Marschner — wenn auch nicht den Wunsch, seinen auswärtigen Kollegen mindestens gleichgestellt zu werden, erfüllt — so doch eine Aufbesserung seines Gehaltes, bestehend in einer Gratifikation von 40 Louisdor und Erhöhung seiner Bezüge auf 1600 Thaler. Die elastische Künstlernatur wurde auch dadurch wieder gehoben.

Stand Marschner doch auch um diese Zeit auf der Höhe seiner Popularität und die allseitige Verehrung, die ihm von der Öffentlichkeit entgegengebracht wurde, entschädigte ihn für manche Mängel seiner amtlichen Stellung. Eine seiner Opern wurde fast regelmäßig in jeder Woche gegeben und jeder mußte sie gesehen oder gehört haben. Rodenberg hat uns in seinen „Erinnerungen aus der Jugendzeit" bei Schilderung eines solchen Abends eine treffliche Beschreibung der gereiften Persönlichkeit des Meisters gegeben: „Das für heutige Begriffe spärlich erleuchtete Haus war in allen Rängen bis zur Galerie hinauf Kopf an Kopf besetzt wie jedesmal, wenn eine Marschnersche Oper gegeben ward … Marschner, das Zeichen zum Beginn erwartend, stand am Dirigentenpult, dem Publikum zugewandt, den Kopf ein wenig hintüber in den Nacken gebeugt und das volle Haus musternd … Ein wohlgenährtes Gesicht, über dem die Lebensfreude, die Heiterkeit, die Jovialität, die Sicherheit des Erfolges ausgebreitet lagen, eine hohe breite Stirn, solch eine, die gemacht schien, den Lorbeer zu tragen; kleine graublaue Augen, die von Geist leuchteten, und ein feiner, leicht zum Spott verzogener Mund, um den ein sieghaftes Lächeln spielte — auf der Unterlippe rechts die Spur einer Schmarre, die vielleicht aus seiner Studentenzeit stammte. Das erste Glockenzeichen ward gegeben, er ergriff den Taktstock, und ein Beifallssturm brach aus, in dem man immer und immer wieder tausendstimmig den Namen ‚Marschner, Marschner!' hörte, bis endlich die Ouverture beginnen konnte. Ja, damals gab es in Hannover keinen Zweiten neben ihm, und wenn sein ‚Du stolzes England, freue dich!' erklang, so würde nicht viel gefehlt haben und das ganze Haus hätte mitgesungen, wie die Jenenser Studenten im Weimarer Theater, wenn Schillers ‚Räuber' aufgeführt werden."

Um diese Zeit kam Marschner eine Dichtung von Heribert Rau in die Hände und er vollendete danach bis zum September 1843 die große vieraktige Oper „Kaiser Adolf von Nassau". Leider war das Buch wieder völlig ungenügend. Der Kern der Handlung ist ungefähr historisch treu. Erzbischof Gerhardt von Mainz, der durch seinen Einfluß Adolfs Wahl zum deutschen Kaiser durchgesetzt, trachtet diesem nach dem Leben, als er sich in seinen Erwartungen reicher Vergeltung getäuscht sieht. Er veranlaßt schließlich die Wahl Albrechts von Österreich zum Gegenkaiser und Adolf fällt in der Schlacht bei Göllheim (1298). Damit verflochten ist die Liebe Adolfs zu Imogena, die wider ihren Willen einem Grafen Gerolbseck verlobt ist. Adolf verbirgt sie in einem

Kloster, dessen Äbtissin Adelheid, Imogenas Jugendfreundin, die Nichte Gerhardts ist. Imogena rettet Adolf von einem Mordanschlag Gerhardts, wofür sie dieser, nachdem sie Geroldsecks Hand definitiv ausgeschlagen, durch eine angeblich geweihte Rose vergiftet. Geroldseck erschlägt persönlich den Kaiser, der ihn für seinen treusten Freund hält und stets als Kampfgenossen um sich hat. Die Oper, die viele wertvolle und effektreiche Nummern enthält, sollte zunächst in Hannover zur Aufführung gelangen — aber bis zum Jahre 1881 war es nicht dazu gekommen. In genanntem Jahre wurde sie auf Anregung des Königl. Kapellmeisters Herner, eines der wenigen Mitglieder der Kapelle, die aus Marschners Zeit noch aktiv sind, ernstlich wieder in Aussicht genommen. Herner, der anfangs der fünfziger Jahre als erster Violinist in das Orchester eintrat und dem verstorbenen Meister ein treues Gedenken bewahrt hatte, wollte damit eine Pflicht der Pietät gegen Marschner erfüllen. Das Hoftheater in Dresden hatte das Material geliehen und Wolf sollte die mangelhafte Dichtung überarbeiten; aber auch diese geplante Aufführung geriet wieder in Vergessenheit. Nach der „Allgemeinen musikalischen Zeitung" vom Jahre 1845 ließ man Marschners neueste Oper „Kaiser Adolf von Nassau" zuerst den 5. Januar 1845 am Hoftheater in Dresden in äußerlich befriedigender Weise in Scene gehen. Es folgten dann noch am 15. Februar 1845 Hamburg, wo die Oper unter der persönlichen Leitung des Komponisten gegeben wurde und im nächsten Winter Breslau.

Als in demselben Jahre 1843 Marschners Nichte, die Sängerin Ida Brüning, Tochter seines ältesten Schwagers, des Weimarischen Hofschauspielers Gustav Friedrich Wohlbrück von Hannover nach Wien übersiedelte, benützte er diese Gelegenheit, um mit den dortigen Bühnen Unterhandlungen hinsichtlich der Aufführung seiner Opern anzuknüpfen. Die eifrigen Bemühungen der Dame waren jedoch von wenig Erfolg begleitet und es dauerte sogar ziemlich lange, bis

Marschner in Wien festen Fuß fassen konnte. Lange Jahre hindurch soll es der Sänger Beck, ein gerade für die Marschnerschen Baritonpartien wie geschaffener Künstler gewesen sein, der die Aufführungen verhinderte. Er glaubte mit der Darstellung dieser Rollen seiner Stimme zu schaden, eine Ansicht, mit der er keineswegs allein unter den deutschen Sängern dastand. Die unruhige Instrumentation Marschners macht diesen Vorwurf vor einem halben Jahrhundert vielleicht begreiflich, die modernen Zumutungen an die Singstimme aber überragen jedenfalls das, was Marschner verlangte, bei weitem. Marschner hatte im Dezember 1843 seinen „Heiling" eingesandt mit der Hoffnung, daß er am Kärntnerthortheater gegeben werden würde, erfuhr aber im Spätherbst des nächsten Jahres durch Hofmeister, daß man von einer Aufführung wieder Abstand genommen habe. Endlich gelangte „Hans Heiling" an der K. K. Hofoper am 24. Januar 1846 zur Aufführung. Von einem wirklichen Erfolg konnte man nicht wohl reden. Der Eindruck, den das Werk hinterließ, war gemischt, unentschieden und fremdartig; erst als im Herbst der Komponist die Oper mit gänzlich verschiedener Auffassung und anderen Tempis selbst dirigierte, errang sie großen Beifall. „Da sieht man, was es heißt, wenn der Autor selbst mitwirkt," schreibt Marschner darüber im Oktober 1846 an Hofmeister. Balachino hatte Marschner schon im August eingeladen, auch seinen „Templer" in Wien selbst vorzuführen. Die Aufführung verzögerte sich indes; erst am 10. Januar 1849 wurde die Oper und zwar nicht unter Marschners Leitung gegeben. Der erwartete Erfolg dieses Werkes, das bereits an zwei Jahrzehnte ein musikalischer Liebling ganz Deutschlands war, blieb aus, ja die Aufnahme der Oper, die nur eine Wiederholung erlebte, war damals so peinlich kühl, daß sie einer förmlichen Ablehnung gleich kam. Das war noch in keiner deutschen Stadt vorgekommen und Marschners Verehrer hatten sich gut trösten, daß der „Templer" doch zu seinen Kunstwerken gehöre, denen gegenüber nur das

6*

Publikum durchfallen könne. Die Darstellung mag die meiste Schuld an diesen Mißerfolg gehabt haben. Hätte Marschner die heutigen Aufführungen seiner Opern in Wien erlebt — mit Reichmann in der Titelrolle — sein Künstlerherz würde wohl seine Freude daran gehabt haben. Damals aber drückte die ablehnende Haltung Wiens, die wie der Mißerfolg seiner letzten Oper „Adolf von Nassau" auch in pekuniärer Hinsicht einen fühlbaren Nachteil für ihn bedeutete, schwer auf Marschner.

Dem um diese Zeit wiederholten Rufe nach Kopenhagen wollte er aus den bekannten Gründen nicht Folge leisten, aber er wollte ihn doch dazu benützen, möglicherweise eine Besserung seiner Lage herbeizuführen. Und so machte er am 10. Juni 1844 eine neue Eingabe, in der er wieder außer 2000 Thalern Fixum lebenslängliche Anstellung und zwei Monate Ferien im Jahre erbittet. „Das Sorgen und Kümmern nimmt kein Ende, und meine geistige Kraft und Freiheit, der ich als schaffender Künstler doch so sehr benötigt bin, leidet zu sehr darunter." Die Intendanz, die die Tüchtigkeit des petitionierenden Kapellmeisters ausdrücklich anerkennt, wies jedoch das Gesuch um Gehaltserhöhung mit der Motivierung ab, daß die Ausgaben in den letzten Jahren so bedeutend zugenommen hätten, daß sie, wenn nicht Allerhöchste Bewilligungen einträten, außer stande sei, den jetzigen Etat zu halten, viel weniger aber neue Lasten darauf zu nehmen. In betreff der lebenslänglichen Anstellung befürwortete sie Marschners Gesuch, da „das Interesse für eine Anstalt gesteigert wird, wenn jemand weiß, daß er für immer an dieselbe gebunden ist." Auch gestatte eine sorgenfreie Zukunft, alle Kräfte dem Dienste zu weihen. Diese scheinbar guten Aussichten für Marschners so berechtigten Wunsch sollten leider abermals zu nichte werden, als ein Mitglied der Intendantur, Kammerherr von Malortie, in einem Promemoria vom 14. Juni 1844 seiner abweichenden Meinung Ausdruck gab und damit beim König Gehör fand. Für die Ausbauer, mit der Marschner um diese für ihn so äußerst wichtige Angelegenheit kämpfte, zeugt es, daß er bereits am 12. August 1844 ein neues Gesuch einreichte, in dem er abermals seine thatsächlichen großen Verdienste hervorhebt: „Seit vierzehn Jahren arbeite ich unermüdlich daran, Orchester und Oper auf einen Standpunkt zu bringen, auf welchem ihnen auch der rigoroseste Kenner Achtung und Anerkennung zollen muß. Weder die Berliner noch die Dresdener Kapelle, obwohl viel stärker besetzt, können sich mit der unsrigen an Präzision und Diskretion im Begleiten messen. An Kraft und Feuer giebt unser Orchester keinem etwas nach. Es ist keine Anmaßung, zu sagen, daß das mein Verdienst ist ... meine Freude daran hat mich immer an Hannover gefesselt und auswärtige sehr günstige Anerbietungen, z. B. 3400 Thaler noch vor anderthalb Jahren verschmähen lassen, freilich in der Hoffnung, auch von der Gnade Sr. Majestät meine hiesigen Verhältnisse gebessert zu sehen. Denn unter allen meinen Kollegen stehe ich am schlechtesten. Meyerbeer hat über 3000 Thaler und thut gar nichts dafür; ebenso Mendelssohn; Spohr hat 2400 Thaler, Lindpainter hat 2000 Thaler, Reißiger und Wagner in Dresden haben jeder 2000 Thaler und keiner die Hälfte von dem zu thun, was mir obliegt, da ihnen noch Unterdirektoren beigegeben sind, was bei Krankheitsfällen zur Notwendigkeit wird." Der ganze Erfolg dieser dringenden Bitte war eine Extra=Gratifikation von vierzig Louisdor, die der König Ernst August auf Befürworten des Grafen Platen im Januar 1845 bewilligte. Doch wurde wenigstens die Pensionsfrage insoweit geregelt, als 400 Thaler pro Anno dafür genehmigt wurden, wenn dem Kapellmeister nach fünfundzwanzigjähriger Thätigkeit das Dienstverhältnis gekündigt werden sollte. Kein Wunder, daß dem zu so kleinlichen Betteleien gezwungenen und so oft bitter enttäuschten Künstler bei seinem leicht erregbaren Naturell die Schaffenslust verging.

Familienleben. — "Austin." — Mariannens Tod.

Nur kleinere Sachen sind es, die Marschner in diesen Jahren schreibt. So bietet er Hofmeister im Herbst 1847 ein neues Trio (Nr. 5) Op. 138 für zwanzig Louisdor an, im Herbst 1848 ein Heft vierstimmiger Männergesänge. Im Dezember desselben Jahres sendet er Kistner Op. 141 „Der Gefangene", „ein Werkchen, welches in einem hiesigen brillanten Cirkel bereits große Teilnehmer gefunden hat," für drei Friedrichsdor.

Im folgenden Jahre nimmt er auf Wunsch dieses Verlegers eine Transposition für Alt oder Baß vor und legt zu gleicher Zeit das Manuskript eines neuen „Duo p. l. Pianoforte et Violon" bei, für das er sich zehn Friedrichsdor Honorar erbittet.

Schwere Schicksalsschläge sollten Marschner in dieser Zeit treffen und bis zum Jahre 1850 zu keiner größeren Arbeit mehr kommen lassen. Der Tod riß große Lücken in die Reihen seiner Lieben und die bedauernswerten Eltern mußten fast alle ihre Kinder in der Blüte ihrer Jahre ins Grab sinken sehen. Marschner wie seine Gattin litten unsäglich darunter und in Briefen an seinen Jugend- und Studienfreund E. A. Schnell, Diakonus an St. Johannis in Zittau, hören wir ihn des öfteren seinen Schmerz in herzergreifender Weise aussprechen. Diese hier zum erstenmal im Auszug veröffentlichten Briefe, in denen Marschner seiner inniggeliebten Marianne ein schönes unvergängliches Denkmal setzt, geben uns nicht nur die interessantesten wichtigsten Aufschlüsse über sein Familienleben, sondern sie lassen auch seinen Charakter als zärtlicher Vater, als liebevoller treuer Gatte und dankbarer Sohn in das schönste Licht treten.

So berichtet er am 1. August 1850 an Schnell: „Meine teuere, über alles geliebte Marianne hat mir zehn Kinder geboren, davon leben jetzt noch drei, nämlich eine erstgeborene Tochter Toni und die Knaben Robert (13 Jahre) und August

(9 Jahre). Mein geliebter Edgar, ein Malergenie, starb mir mit 17 Jahren (vor vier Jahren) und mein herrlicher bester Sohn Heinrich im Dezember 1849!!! im 18. Jahre! Mein ältester Sohn Alfred, ein Mensch von gutem Herzen und vielen Geistesgaben, sollte Medizin studieren. Er absolvierte Prima mit guten Zeugnissen. Plötzlich erklärt er sich gegen alles Studieren und meint, er habe einzig und allein Beruf zur Kunst, deshalb wolle er Mime werden." Der Vater gab nach. Bald jedoch stellte es sich heraus, daß sein Sohn kein Talent besaß und den Beruf aufgeben mußte. Er kehrte nun nach Hause zurück und wurde Landwirt, bis er plötzlich mit der Absicht hervortrat, nach Amerika auszuwandern. „Ich gab ihm Geld," fährt Marschner fort, „und so reiste er im Juni 1849 von Emden nach Amerika, wo er sich in Wiskonsin schönes Land gekauft, bereits auch geheiratet hat und sich wie er nun schreibt, sehr wohl befindet, weil er frei und unabhängig ist und alle Mittel besitzt, sich eine reiche Zukunft zu schaffen. — Wann aber werden wir ihn wiedersehen? — Meine zwei jüngsten Knaben sind prächtige, drollige, hochbegabte Kinder, die zu den schönsten Hoffnungen berechtigen, wenn sie gesund bleiben und Gott sie mir nicht wieder nimmt. Robert will Seemann werden (was die Mutter aber nicht will) und Guß Naturforscher, und zwar ein berühmter, darunter thut er's nicht. Warum? weil er Marschner heißt. Ist eben ein närrischer Kerl! Meine Tochter Toni nun hat sich am vorigen 19. April mit dem Hauptmann Basson verheiratet und lebt jetzt in Rendsburg in Holstein."

Wegen des gerade zwischen Dänemark und den schleswig-holsteinischen Herzogtümern wütenden Krieges, den sein Schwiegersohn mitmachen mußte, ist Marschner gleich seiner Tochter Toni sehr um Bassons Leben besorgt. Basson kam zwar mit dem Leben davon, ward aber bei Friedrichstadt verwundet und erhielt, da er nach Auflösung der Armee ohne Pension entlassen wurde, durch Marschners Vermittelung eine Anstellung an der Eisenbahn. Zu seiner eigenen Person übergehend, fährt dann Marschner in demselben Briefe fort: „Was nun mich anbetrifft, so bin ich Gottlob! stets wohl, niemals krank gewesen, kein weißes Härchen verunziert mein braunes Haar und kein Mensch glaubt mir mein Alter. Ebenso geht es meiner geliebten Marianne, die das größte Glück meines Lebens geworden ist; sie ist trotz ihrer 45 Jahre noch eine gar hübsche prächtige Frau, gesund und blühend. Geistvoll und talentreich beglückt sie mich nicht allein durch ihr edles sanftes und gutes Herz, sondern sie verschönt mein Leben auch durch ihre Talente und durchgeistigt mein eigenes geistiges Streben und Wirken! Für so viel und so großen Segen bin ich aber auch meinem Schöpfer dankbar und trage die von Gott mir beschiedenen Prüfungen deshalb geduldiger, als ich es ohnedem sonst vermöchte! — Daß mein alter Vater noch lebt, weißt du vielleicht? Leider ist er sehr leidend und in jeder Weise hilfsbedürftig. Daß ich an ihm thue, was ich vermag, darfst du überzeugt sein."

Es ist die Sprache eines edlen großen Herzens, das ebenso die Töne warmen gemütvollen Humors und inniger Liebe wie tiefempfundenen Schmerzes anzuschlagen weiß, die wir in diesen Worten vernehmen.

Schon im Februar des kommenden Jahres, 1852, ward auch Robert, erst im 15. Lebensjahre stehend, dahingerafft, ein Schlag, der Marschner und seine Gattin tief zu Boden drückte. Der Gram um dieses Kind, des siebenten, das von ihrem Herzen gerissen wurde, brach der armen Mutter vollends das Herz. Sie sollte sich nie wieder völlig erholen.

Marschner hatte recht mit seiner Schnell gegenüber einmal ausgesprochenen Klage: was konnten ihm alle äußeren Ehren und Würden sein, die ihm gerade um diese Zeit in reichem Maß zu teil wurden, bei so viel häuslichen Jammer und Elend. 1851 hatte er von dem König Ernst August von Hannover den Guelfenorden erhalten, 1852 sandte ihm der König von Sachsen die goldene Medaille für Kunst und Wissenschaft, 1853 zeichnete ihn der Herzog Ernst II. von

Sachsen-Koburg-Gotha mit dem Verdienstkreuz aus; in demselben Jahre erhielt er auch das Ritterkreuz des Königl. Bayrischen Maximilian-Ordens für Kunst und Wissenschaft. So vielen Ehren hätte er gern entsagt, wenn er damit das Leben wenigstens einiger seiner Kinder hätte retten können.

Im September 1850 hatte Marschner eine neue Komposition für die Bühne begonnen; es war seine vorletzte Arbeit für das Theater: „Austin", Oper in 4 Akten — nach seiner Meinung sein vollendetstes Werk.

Austin, mit wirklichem Namen Franz Phoebus von Béarne, ist durch die Ränke seiner Feinde vom Throne seiner Väter vertrieben worden und irrt unter obigem angenommenen Namen unerkannt umher. In dieser Leidenszeit hat er Corisante, die zweite Tochter des verstorbenen Vicomte von Mantion kennen und lieben gelernt. Auch sie liebt den unbekannten Fremdling, der ihr seine wahre Abkunft nicht zu erkennen giebt. Nachdem sich die Liebenden ewige Treue geschworen, zieht der junge Königssohn voll Mut hinaus, um sein Erbe wieder zu erobern und dann seine Krone der Geliebten zu Füßen zu legen. Sein mächtigster Feind, der Graf von Lérin läßt um dieselbe Zeit um Corisantens Schwester Blanka werben, die ihn jedoch ihrem Verlobten, dem Grafen Juan von Andom zuliebe ausschlägt. Der mächtige und gefürchtete Lérin trifft inzwischen auf dem Schlosse ein und um ihre Schwester und ihre ganze Familie vor seinem Zorn zu schützen, beschließt Corisante, sich aus schwesterlicher Liebe selbst zu opfern und an Stelle Blankas zu treten. Vor dieser höheren Pflicht muß selbst die Stimme des Herzens, die laut für den unbekannten Austin spricht, schweigen und — Corisante wird Lérins Gattin. Austin, der junge Königssohn hat unterdes Reich und Thron wieder erkämpft und empfängt, trotz aller Intriguen von seiten Lérins, die Huldigung seines Volkes. Beim Krönungsfest erkennt Corisante voll Schrecken im jungen König Austin wieder. Freudig eilt der Fürst auf sie zu und bittet sie,

seinen Thron mit ihm zu teilen. Da stellt sie Lérin zorn=
bebend als seine Gattin vor. Der junge Herrscher, Franz
Phoebus, bricht voll Schmerz zusammen. Nun beschließt
der nach dem Thron lüsterne Lérin, Franz Phoebus mittels
einer vergifteten Flöte, des Königs Lieblingsinstrument, ge=
waltsam aus dem Wege zu schaffen. Corisante erfährt von
dem Anschlag und eilt an den Hof, den König zu retten.
Da erschallen Flötentöne. Doch nicht der König war es,
den das Verhängnis ereilte. Sein Freund und Vetter Graf
Lantrée, der ihm etwas vorspielen wollte, war dem Gifte
erlegen. Schnell hat sich die Kunde von dem ruchlosen An=
schlag verbreitet, der Mörder wird ein Opfer der Volkswut,
der gerettete Fürst aber dankt Gott und freut sich der Hoff=
nung, die nun wieder zur Witwe gewordene Geliebte doch
noch heimführen zu können.

Im Oktober 1851 war Marschner mit der Partitur fertig.
Infolge Ablebens des Königs Ernst August konnte die Oper
jedoch nicht zur sofortigen Aufführung kommen und wurde in
Hannover erst am 25. Januar 1852 zum erstenmal gegeben.
Sie soll sehr gefallen haben und man rühmt die darin zum
Ausdruck kommende jugendfrische Erfindungsgabe, die herr=
lichen Melodien und die vollendete Rundung der Formen —
aber über Hannover hinaus hat die Oper ihren Weg nie
gefunden. Der Ärger über diesen Mißerfolg sowie der
Kummer über den bald darauf — im Februar — erlittenen
Verlust seines Sohnes Robert ließen Marschner doppelt
stark ein Bedürfnis nach Ruhe, eine Sehnsucht nach anderer
Umgebung empfinden und so beschloß er, seine Sommer=
ferien im schönen Dresden zu verbringen. Aber er weilte
noch nicht lange in der freundlichen Residenz, so nahe der
alten Heimat, als es ihn fast gewaltsam über die Berge zog,
noch einmal die alte Vaterstadt, die alten Jugendfreunde
zu sehen und seiner Marianne und seinem nun einzigen
Sohne August die Wiege seiner Kindheit zu zeigen. Kurz
entschlossen lud er sich bei seinem Freunde Pastor Schnell

zu Gaste. „Also nächsten Mittwoch den 14. Juli werde ich früh 6 Uhr von hier abfahren und gegen 10 Uhr wohl schon in Zittau eintreffen." Schnell empfing die ihm so liebe Familie mit offenen Armen und nach ein paar glücklich verlebten Tagen kehrte das Künstlerpaar neu gestärkt nach Hannover zurück.

Mit dem Regierungsantritt König Georgs V. (18. Nov. 1851) waren mit einem Schlage die Verhältnisse des ganzen Theaterorchesters bessere geworden. Marschner war auch für sich froher Hoffnung voll. Er hatte vor den Sommerferien 1852 bei dem im Namen des Orchesters erstatteten Dank Platen noch= mals seine eigenen Wünsche: lebenslängliche Anstellung, 2000 Thaler Jahresgehalt und den Titel „Generalmusikdirektor" ans Herz gelegt mit der Bitte, dies nicht „Ungedulb oder un= bescheidenes Drängen auf Entscheidung zu nennen". Jetzt kam er voller Erwartung zur Wintersaison zurück, aber noch einmal sollte er bitter enttäuscht werden.

Am 1. September 1852 war das von König Georg nach dem Plane seines Vaters (durch den Oberhofbaudirektor Laves) vollendete neue Theater an der Georgstraße eröffnet und durch ein Festspiel von Marschner (Text von Freiherr von Perglaß), dem Goethes „Tasso" folgte, eingeweiht wor= den. Am 3. September schrieb der Intendant an Marschner: der König würde nie ein lebenslängliches Engagement bewilligen, ferner sei der Zustand der Königl. Kassen augenblicklich der= artig, daß er eine Zulage nicht gestatte und schließlich halte Seine Majestät in Anbetracht der Hannöverschen Verhältnisse den Titel eines „Hofkapellmeisters" für den angenehmsten.

Marschner war wie aus allen Himmeln gerissen! Von all den Wünschen, für deren Erfüllung er nun über zwanzig Jahre gekämpft, auch nicht einer erfüllt! Das war mehr als er ertragen konnte und wollte und so kam er am 5. September 1852 in einem Schreiben an den Grafen Platen um seine sofortige Entlassung ein. Nachdem er ver= schiedene seine Stellung alterierende Anordnungen und Maß=

nahmen des Orchesterchefs, unter andern auch Änderungen in der Besetzung des Orchesters als Veranlassung zu diesem Schritt angeführt hatte, gab er mit folgendem Satz den Hauptgrund seines Entlassungsgesuches: „Da ich nun durch keinerlei schriftliche Verbindlichkeit oder Verpflichtungen gebunden unter neuen Bedingungen oder Behinderungen fortzudienen, mit den Bedingungen meines längeren Bleibens zurückgewiesen, entschlossen bin, meine bisherige amtliche Thätigkeit zu schließen, so werden Ew. Hochgeboren fernerhin in mir kein Hindernis finden, Ihrer besseren und höheren Einsicht Folge geben zu können."

Platen, der mit Marschner in ein gespanntes Verhältnis gekommen war und wußte, daß König Georg, als großer Freund jeder echten Kunst und feinsinniger Kenner der Musik Marschner trotz aller Unzuträglichkeiten bei jeder Gelegenheit begünstigte, glaubte die rechte Gelegenheit gekommen. In einer Eingabe an den König setzte er auseinander, warum es bei einem abschlägigen Bescheid der Forderungen Marschners sein Bewenden haben müsse und die Entlassung zu genehmigen sei: Marschner vernachlässige die Zwischenaktsmusik, das Vaudeville, das Melodrama und das Ballett; schon in Dresden und Leipzig habe er sich den wenig beneidenswerten Ruf großer Unverträglichkeit erworben; er habe sich auch hier am Orchester Feinde gemacht und setze seinen Anordnungen Widerstand entgegen. Ferner sei der Zenith Marschners erfolgreichen künstlerischen Wirkens überschritten und aus einer bevorstehenden Pensionierung würden der Königl. Kasse Opfer erwachsen, die durch eine Dienstentlassung vermieden werden könnten. Darum möge der Kapellmeister wegen eines Angriffs auf die Amtsthätigkeit des Orchesterchefs mit Kundgebung des Allerhöchsten Mißfallens entlassen werden. König Georg jedoch, dessen Charakter sich in all diesen Streitigkeiten zwischen Hofmann und Künstler in wahrhaft königlichem Lichte zeigt und der die Berechtigung der Bitten seines Kapellmeisters wohl selbst eingesehen haben mochte, legte Platens Eingabe beiseite und bewilligte Marschner am 18. Oktober 1852 die so oft erbetene lebenslängliche Anstellung, 2000 Thaler Gehalt und verlieh ihm statt des prunkenden Titels „Generalmusikdirektor" vor= erst den eines Hofkapellmeisters. Und durch diese eble königliche That erhielt er dem hannöverschen Theater die Kraft, die es auf seine Höhe gebracht hatte. Außerdem wurde 1853 zur Entlastung Marschners noch der Kapell= meister Fischer engagiert, der die italienischen und Spielopern zu dirigieren hatte. Marschner war herzlich froh, davon loszukommen und sprach dem Grafen seinen Dank aus. Zu aufrichtiger Übereinstimmung aber sollte es zwischen den beiden Männern doch nicht kommen. Platen konnte die letzte offenbare Niederlage nicht verwinden und sein Zorn wurde in der That noch die Ursache von Marschners Pensio= nierung. Aber bis dahin hatte es jetzt noch Zeit.

Marschner und mit ihm sein treues Weib, die alle die äußeren und inneren Kämpfe mit ihm durchlitten hatte, lebten durch die Gunst des Königs ordentlich noch einmal auf.

Um diese Zeit kam durch den Hofschauspieler Gabillon der damals zweiundzwanzigjährige Julius Rodenberg in Marschners Haus. Der Herr Hofkapellmeister wohnte damals am Bahnhof in einem Seitenflügel des Hotel de Russie im ersten Stock sehr vornehm und geschmackvoll eingerichtet. Ein künstlerischer Hauch wehte durch die schönen Räume, die der junge Dichter mit einer gewissen ehrfürchtigen Scheu betrat. Zahlreiche Porträts berühmter Zeitgenossen, mit eigenhändigen Unterschriften versehen, hingen an den Wänden; hier und dort ein Kranz mit langen Bändern und in einer Nische von dunklem Grün stimmungsvoll umgeben stand die Marmorbüste Marschners. Alles wohlthuend abgetönt und auf einen harmonischen Ton gestimmt. Und als nun der junge Dichter von der liebenswürdigen Wirtin und dem Hausherrn aufs freundlichste bewillkommt wurde, fühlte er sich gar bald wohl, vertraut und glücklich. Nach Tisch wurde wie gewöhnlich musiziert. Marschner nahm am Flügel Platz, seine Frau Marianne stellte sich daneben und — welch freudige selige Überraschung für den jugendlichen Dichter: er hört von Frau Mariannens reiner glockenheller Stimme eines seiner ersten Lieder „Marie vom Oberlande", das Marschner soeben komponiert hatte, zum vollendeten Vortrag gebracht. Am Schluß überreichte Marschner dem wie verzaubert dasitzenden Rodenberg mit herzlichen Worten das ihm gewidmete Notenblatt. Der Meister hatte sich mit diesem Abend einen Freund erworben, der ihm noch in schweren Stunden zur Seite stehen sollte.

Rodenberg, der im Oktober die Universität Berlin bezog, sprach auf der Durchreise wieder bei Marschners vor und unterbreitete dem Ehepaar seine neueste, in den Sommerferien entstandene Dichtung, das Melodrama: „Waldmüllers Margaret", zu dem ihm Marschner die Musik schreiben sollte. Bei dieser Gelegenheit sang ihm Frau Marianne, die „bezaubernde feingeistige Dame", wie er sie nennt, „besorgt wie eine Mutter und doch so schön wie ein Mädchen — ein Wunder mit ihren sprechenden Augen" den „fahrenden Schüler", den Marschner eben komponiert hatte. Er sollte sie nicht wieder singen hören.

Die in Frau Marschner schlummernde Krankheit kam unmittelbar darauf zum Ausbruch. Nur mit Anstrengung versah der besorgte Gatte seinen Dienst und dirigierte die beifällig wiederholte Aufführung seiner Oper „Austin", worin der Tenor Sowade und die Primadonna Frau Nottes erfolgreich wirkten, mit trüben Gedanken. Das Schreckliche, lang Gefürchtete trat bald ein! Am 7. Februar 1854 traf ihn der harte Schlag: seine Marianne, mit der er achtundzwanzig Jahre in glücklichster Ehe gelebt hatte, starb. Marschner war zerschmettert." In einem Briefe vom 19. März, an den altbewährten Freund Archidiakonus Schnell, dem er auch ein detailliertes Bild der Krankheitsgeschichte giebt, strömt er seinen ganzen Seelenschmerz aus: „Für mich, der ich so viel

schon verloren habe, ist nun alles Glück auf Erden dahin.
Ihretwegen liebte ich das Leben und seine Freuden, ihret=
wegen liebte und suchte ich Ruhm, Ehre und Auszeichnung,
ihretwegen strebte ich nach Besitz, ihr das Leben gemütlich,
bequem und behaglich zu machen. Wüßtest du nur, was sie
mir alles war, wie ihr hoher Seelenadel, ihr Geist, ihr Genie
ihre unaussprechliche Herzensgüte, ihr inniges Wohlwollen
und zugleich ihr starker Charakter und ihre Lebensklugheit
mich mit der glühendsten und aufopferndsten Liebe durchdrang,
belebte und leitete; du würdest mein jetziges fürchterliches
Michalleinfühlen, meine gänzliche Verwaisung und die daraus
entspringende Verzweiflung begreifen und mich nicht schel=
ten! ... Als wir 1852 ein paar Tage bei Euch so glück=
lich waren, weinten wir noch um unsern sechs Monate vor=
her verlorenen Robert. Der Gram um diesen liebenswürdi=
gen und so sehr geliebten Sohn hat wohl den Grund zu
dem Übel gebildet, das sich langsam, aber doch unaufhalt=
sam vergrößerte und das die Ursache gab, weshalb wir am
vorigen 29. Januar nach Berlin reisten, um bei dem dort
weilenden berühmten italienischen Arzt Landolfi Hilfe zu
suchen. Im Herbste 1852 bemerkte meine geliebte Marianne
nämlich schon in der linken Brust, wenn auch kaum merklich,
eine kleine Verhärtung, etwa wie eine Erbse groß, ohne
weitere Empfindlichkeit. Sehr langsam und kaum merklich
vergrößerte sich diese. Der Arzt aber machte gar nichts daraus
und meinte, sollte es größer werden, das Übel leicht zu heben.
So kam der Sommer 1853 und im Juni traten wir unsere
Ferienreise an. Glücklicher und froher habe ich meine
Marianne nie gesehen und folglich waren wir's alle drei.
Einen Monat nach unserer Reise aber bemerkte sie, daß die
Brust schwerer wurde und von da an quälte sie — wie ich
später erst hörte — der heimliche Gedanke: es könne etwas
Krebsartiges sein. Doch der Doktor lachte und nahm die
Sache sehr leicht. Trotzdem wurde die Brust schwerer und
schwerer und mit Anfang des Oktober auch unbequem und

schmerzlich. Anfangs November bestand ich darauf, daß noch ein zweiter Arzt zugezogen werde. Beide untersuchten und berieten sich, worauf alles beim alten, d. h. beim Zuwarten blieb. Da hörten wir von den Wunderkuren Landolfis. Ich schrieb an ihn und er bestellte uns nach Berlin. Am 29. Januar reisten wir, zwar bei sehr schlechtem Wetter, aber voll Mut und Vertrauen dahin. Am 30. Januar besuchte uns Landolfi zum erstenmal und schon nach seinen ersten Verordnungen waren ihre Schmerzen fast ganz beseitigt. Als Landolfi Dienstag den 31. Januar wiederkam, fand er mein armes Herz von einer sehr heftigen Lungenentzündung befallen. (Sie hatte sich auf der Reise beim Aussteigen sehr erkältet.) Jetzt war die Brust Nebensache. Tag vor Tag verging unter fortwährendem, aber vergeblichen Hoffen, die Entzündung wollte sich nicht geben. Am 7. Februar morgens 7 Uhr, fand der Arzt ihren Puls so viel besser, daß er laut aufjubelte und die beste Hoffnung gab. Sie war viel ruhiger und schlief so sanft! Von Stunde zu Stunde erwachte sie, um einzunehmen und ich — vor ihrem Bette sitzend — bewachte ihren Schlaf mit freudiger Hoffnung. So erwachte sie auch mittags 1 Uhr. Ich gab ihr sogleich ihre Medizin, worauf sie ihr Mädchen verlangte. Mittlerweile trat ich ans Fenster, Gott recht inbrünstig zu danken und überlegend, ob ich gleich oder erst abends den Kindern die so glückliche Wendung der Krankheit anzeigen sollte. Da schreit das Mädchen fürchterlich auf, ich stürze ans Bett und unter fürchterlichem Geschrei legt diese mir meine Marianne — tot in die Arme. Ein Herzschlag hatte sie plötzlich getötet!!! —

Alles übrige erlasse mir. Ich nahm sie mit hierher und legte sie am 11. Februar an die Seite ihrer geliebten Kinder. Nun weißt du alles. Bassons und August sind gesund; ich a u ch. Ist das nicht wunderbar?

Dein armer bedauernswerter Freund

Heinrich Marschner."

Als sie ihre letzte Reise nach Berlin antrat, hatte Frau Marschner nebst den Bodenstedtschen Liedern auch das Manuskript des „Fahrenden Schüler", der erst nach ihrem Tode im Mai 1854 im Druck erschien, mitgenommen. Sie liebte diese Lieder, die sie überaus schön sang, unbeschreiblich und nur diese wollte sie in ihrer Rekonvalescenz singen und ihre dortigen Freunde damit erfreuen. Es hatte anders kommen sollen! Robenberg war bei ihrer Ankunft gleich ins Hotel de Rome geeilt, wo Marschners Quartier genommen hatten. Aber er konnte kaum die arme leidende Frau, die er noch so fröhlich vor wenigen Monden verlassen, wieder erkennen. In diesen traurigen Tagen wich Robenberg nicht von Marschners Seite. Vergebens suchte er den unglücklichen Mann, an dem neben dem Gram um die Gattin noch das bittere Gefühl künstlerischer Zurücksetzung und Vernachlässigung in Berlin nagte, zu trösten. Es wollte ihm nicht gelingen. „Als ich ihn zwei Monate später", erzählt er (es war am 20. April 1854), „während der Osterferien in seiner vereinsamten Wohnung zu Hannover besuchte, fand ich einen gebrochenen Mann, der fast einen greisenhaften Eindruck machte. Noch dazu war er krank. Es war das mit einem Augenleiden verbundene Fieber, von welchem er schon in jüngeren Jahren, zur Heilings=Zeit, einmal heimgesucht worden war, und das ihn nun, der sorglichen Pflegerin beraubt, doppelt hilflos erscheinen ließ. Mit einem grünen Schirm, der ihm das Gesicht beschattete, saß er da, sehr verschieden von dem, den ich ein Jahr zuvor als einen von Glück strahlenden gesehen, an jenem Abend, wo Marianne Marschner mir zum erstenmal die „Marie vom Oberlande" gesungen hatte. Jetzt war es hier still, stumm und dunkel geworden. Seine einzige Gesellschaft war sein damals etwa vierzehnjähriger Sohn August, der mich an den älteren Bruder Adolf erinnerte, meinen einstigen Schulkameraden, und der gleich diesem, als er eben die Grenze des Jünglingsalters überschritten hatte, dahinschwand und erlosch." In der That sollte Marschner auch diesen letzten Sohn Ende des Jahres 1859 (oder Anfang 1860) im 19. Lebensjahre verlieren.

**Therese Janda. — „Sangeskönig Hiarne." — Pensio=
nierung. — Tod. —Jubiläum.**

Fest entschlossen, sich durch strenge Arbeit seinen trübseligen Gedanken zu entziehen, nahm Marschner im Herbst 1854 seine Amtsgeschäfte wieder auf und genug hatte er ja zu thun, wenn er allen seinen Verpflichtungen nachkommen wollte. Hannover war damals wirklich eine Kunststadt. Nicht nur war der blinde König Georg ein enthusiastischer Musik= freund, auch die Königin Marie war eine kunstsinnige Natur. Das Theater= und Konzertwesen stand auf einer Höhe, die es nachmals nie wieder erreichte und die zu der Zeit in kaum einer anderen deutschen Stadt ihresgleichen hatte. Und in eifriger, Polyhymnien geweihter Thätigkeit kam auch unserem lieben Marschner die alte Lust am Leben und Schaffen zurück und was niemand — er selbst am wenigsten — geglaubt hätte — noch einmal sollte er die ganze Gewalt der Erdenliebe kennen lernen, noch einmal den Segen einer glücklichen Ehe genießen. Es wurde wieder hell in den öden Räumen, in denen er einsam und verwahrlost mit seinem Sohne August gehaust hatte.

Von London war eine neue Sängerin, Therese Janda, eigentlich Jander aus Wien, an die Hofoper nach Hannover gekommen — eine junge 28jährige Person von üppiger Schönheit, die mit ihren tiefblauen Augen und goldenem Haar etwas Sirenenhaftes hatte und einen wundervollen Alt sang. Sie war ungemein musikalisch, dabei sprühend von Geist und Leben und — wie sich in ihrem kleinen Haus= halte sogleich offenbarte — höchst wirtschaftlich und wohl= bewandert in allen Finessen der heimatlichen Küche. Von vornherein hatte sie Marschners Aufmerksamkeit erregt, und sie gewann vollständig sein Herz in den Proben zu „Hans

Heiling", wo sie die Rolle der Gertrud neu gab. Ja, eine geradezu berauschende Leidenschaft erfaßte den 59 jährigen Mann für die schöne Darstellerin. Seine an sie gerichteten, von La Mara veröffentlichten Briefe, die in ihrer ganzen Ausführlichkeit, mit der der jugendlich empfindende Künstler seine Liebe zu rechtfertigen und die Bedenken der Dame seines Herzens zu besiegen sucht, hier keine Stelle finden können, geben hiervon einen überzeugenden Beweis. Marschner mußte lange werben. Doch brachte die Kunst die beiden gleichgestimmten Seelen einander immer näher und im April 1855 gab ihm Therese Janda, sein heißes Begehren endlich erhörend, das Jawort.

Marschner war überglücklich. Im Mai 1855 sandte er seinem vertrauten Gönner und Freunde, dem Kammerherrn von der Malsburg folgenden Bericht: „Nochmals die traurige Wirkung auf mich von meinem letzten größten Verluste, meine dadurch entstandene äußere und innerste Verarmung und Verzweiflung, oder das täglich sichtbarer werdende Verkommen meines Sohnes August und meiner selbst dir zu schildern, ist wohl nicht nötig, da du meine Lage hinlänglich kennen gelernt, sowie auch die Wahrheit meines Gemüts, das an ein gleichfühlendes liebendes Herz sich anzulehnen so gewöhnt und es bedürftig war. Dazu kam, daß ich seit Weihnachten dreimal krank und bettlägerig war, wo ich jeder Pflege und Teilnahme mangelte, da meine Tochter, selbst unwohl, nicht bei mir sein konnte. In solcher Not sendete der Himmel mir einen Engel — meine jetzige Braut. Vermöge ihres Geistes, ihrer Bildung, ihrer unendlichen Herzensgüte und ihres ganzen originellen, echt künstlerischen Wesens ward sie mir nach und nach so lieb, daß der Wunsch, an ihrer Seite den Rest meines Lebens verträumen und meinem August in ihr eine wohlwollende liebende Führerin gewinnen zu können, Tag für Tag größer wurde. Freilich — es gab Bedenklichkeiten gar viele. Endlich aber, am 8. April, machte das Gewicht ihrer großen Kunstbegeisterung, ihres

Enthusiasmus für meine Werke, die Idee einer besonders vom Himmel ihr bestimmten Mission zur Erhaltung meines künstlerischen Wirkens, sowie das Erkennen meines treuen Charakters die Schale zu meinen Gunsten sinken, und sie willigte ein, mein Trost, meine Stütze, mein Weib zu werden... Wie wohlthuend ist es meinem Herzen, mit ihr so recht von Herzen von Marianne sprechen zu können, die sie mit Bewunderung ehrt, liebt und ihr nachzustreben gelobt, deren Bild und Grab sie oft und freudig mit mir bekränzt und schmückt!"

Durch seine Braut zu neuem Schaffen angeregt — denn die Künstlerin wußte recht wohl, daß eifrige produktive Thätigkeit den Tiefgebeugten am ehesten wieder aufrichten werde — konnte Marschner nicht Dichtungen genug finden, um sie für Fräulein Janda zu komponieren. Es war ein wahrer Liederfrühling, der von 1855. Die Melodien strömten ihm nur so zu. „Waldmüllers Margaret" von Julius Rodenberg wurde in Musik gesetzt. Komposition folgte auf Komposition von Männerchören, Quartetten und Liedern. Von letzteren erwähnen wir Rodenbergs: „Sei dennoch unverzagt", „O schöner Frühling, kommst du wieder" und „Ich liebe, was fein ist". Auch entstand um diese Zeit die Musik zu Mosenthals Schauspiel: „Der Goldschmied von Ulm". „Waldmüllers Margaret" gelangte im November in glänzender Inscenierung in Hannover zur Aufführung und „Der Goldschmied von Ulm" kam im Januar 1856 in Dresden auf die Bühne. Beide Stücke ernteten reichen Beifall. „Der Goldschmied" wurde in Dresden in neun Tagen viermal und dazwischen einmal der „Templer" gegeben.

Daß er diese eifrige erfolgreiche Schaffenslust nur der günstigen Einwirkung seiner Braut zu danken hat, bekennt Marschner seiner Freundin Adelheid von Baumbach in einem freudigen Brief Anfang Juni 1855, der auch das Datum seiner Hochzeit feststellt. Er schließt: „Am 10. Juni werden wir zum zweiten- und letztenmal aufgeboten und am 11. werden wir getraut."

Gerade um diese Zeit war's, daß Wagner mit seinem
„Tannhäuser" einen glänzenden Einzug in Hannover hielt,
und der größere Genius begann den alternden Marschner,
der seit geraumer Zeit den Gipfelpunkt seiner Schaffenskraft
überschritten hatte, in der Meinung des neuen Geschlechtes
zurückzudrängen. Eine bittere Erkenntnis, die Marschner
jedoch nicht auf einen der neuen Richtung gegnerischen Stand=
punkt bringen konnte. Ein persönliches, Marschner tief ver=
stimmendes Element wurde in diesen Kampf des Alten mit
dem Neuen nur insofern hineingetragen, als Wagners Opern,
je mehr sie in den Vordergrund traten, desto mehr für den
Grafen Platen das Mittel wurden, um Marschner beiseite
zu schieben, erstens als Komponist und dann fühlbarer noch
als Dirigenten. Freilich stand Marschners künstlerische Be=
deutung in der öffentlichen Meinung noch viel zu fest, als daß
das Publikum in diesem unwürdigen Streit nicht offen hätte
seine Partei nehmen sollen und der Schöpfer des „Hans
Heiling" und des „Templer" brauchte sich nur am Dirigenten=
pult zu zeigen, um mit Ovationen überhäuft zu werden.
Aber der Stachel der Zurücksetzung blieb doch in Marschners
Herzen haften und schmerzte ihn sehr.

Mit all diesen Widerwärtigkeiten noch nicht genug, scheint
ihm auch sein Sohn August durch seine leidende Gesundheit
sowohl als auch durch seinen Leichtsinn viel Sorge bereitet
zu haben. So sehnte er sich nach Ruhe und Erholung und
schreibt Anfang des Jahres 1856 an Rodenberg folgende
überaus charakteristische Worte: „Gott! Es giebt so viele
dumme und überreiche Kerls, und doch hat sich noch kein
einziger gefunden, dem es eingefallen wäre, mich aus Hannover
zu erlösen und mir ein Tuskulum zu gewähren, wo ich wenig=
stens den kleinen Rest meines Lebens noch sorgenlos meiner
Muse lauschen und aller Theaterqual enthoben mich fühlen
dürfte! Da sammeln sie und sammeln Tausende für Tote, die
sicherlich den Teufel nach steinernen oder bronzenen Denkmälern
fragen und lassen die Lebendigen, die doch etwas der Art

beſſer brauchen könnten, darben und ſchmachten und wäre es auch nur nach Freiheit und Unabhängigkeit!"

Das Jahr 1857 brachte ſein letztes Bühnenwerk: „Sanges= könig Hiarne oder das Thyrſingſchwert, romantiſche Oper in 4 Aufzügen", zu der ihm Wilhelm Grothe den Text geliefert hatte. Die Handlung der Oper iſt in Kürze folgende: Wegen ſeiner Liebe zur Königstochter Asloga wurde der Vaſall Hiarne vom Hofe des däniſchen Königs Frotho verbannt. Frotho ſtirbt und da ſein Sohn Friedebrand auf der See verſchollen iſt, ſtrebt Aslogas Oheim Uller nach ihrer Hand und dem Thron. Um den durch Zauber geſchützten Uller zu beſiegen, beſchwört Hiarne den Geiſt ſeines Ahnherrn Aſamund um das Thyrſingſchwert, das im Kampfe fürs Recht ſtets den Sieg verleiht. Mit deſſen Hilfe gewinnt Hiarne die Geliebte und das Reich. Da kehrte unerwartet Friede= brand zurück und Hiarne, der in der Botſchaft nur einen Trug Ullers vermutet, will gegen ihn zu Felde ziehen. Da verſagt ihm das Schwert den Dienſt, drohend funkeln die Runen, es ſcheint ſich gegen ihn zu kehren und entſetzt giebt er Weib und Herrſchaft auf und entflieht. Friedebrand be= ſteigt feierlich den Thron ſeiner Väter und Uller ſichert ſich das Thyrſingſchwert. Während die Vaſallen ihrem ange= ſtammten König huldigen, naht ſich ein greiſer Sänger, der ſich endlich als Hiarne zu erkennen giebt und ſeine Gattin Asloga zurück erbittet. Wütend ſtürzt Uller auf ihn los, ihn zu durchbohren, da entfällt ihm das Thyrſingſchwert, ein Abgrund öffnet ſich und er verſinkt unter dem Hohngelächter hölliſcher Dämonen. Asloga aber und Hiarne werden aufs neue vereint.

Schon im vorhergehenden Jahre, 1856, hatte Marſchner zu Rodenberg geäußert, daß er ſich vom Liederkomponieren ausruhen wolle und etwas Größeres vorhabe, das ihn längere Zeit beſchäftigen würde. In dieſem Werke raffte der alte Meiſter noch einmal alle Schaffenskraft, deren er fähig war, zuſammen.

Zunächst wurden seine Arbeiten noch einmal von einer erfolgreichen Londoner Konzertreise unterbrochen. Am 8. Juli 1857 schreibt er von dort aus an Frau Dr. Fay: „Man kommt mir nicht nur in der gesamten Presse, sondern auch im wirklichen Leben mit soviel Liebe und Enthusiasmus für mein bißchen Wirken entgegen, daß ich oft ganz verlegen werde. Nächsten Freitag sind wir zu Hofe befohlen, was sich . . . von selbst gemacht hat. Gegen die Zukunftsmusik ist man hier fanatisch eingenommen . . . Da ich . . . selbst mindestens als Konservator des guten Alten bekannt bin, so kommt das mir sehr zu gute, und man lobpreiset mich bei jeder Gelegenheit, wie gesagt, mehr als ich verdiene."

Ja, er war der Komponist alten Schlages geblieben und seine konservative künstlerische Überzeugung, die ihn von dem Sturmeswehen der neu anbrechenden Zeit nicht mit fortreißen ließ, konnte ihn auch nur in seinem „Hiarne" sein gelungenstes Werk erblicken lassen. Trotz vieler Schönheiten der Oper ist doch seine Muse darin alt und geschwätzig geworden und eine gewisse Redseligkeit schwächt öfters die Wirkung der besten Inventionen ab. Als besonders gelungen ist der reizende Elfenchor des ersten Aufzugs zu erwähnen. Auch die Beschwörungsscene von Asamunds Geist zeigt den der künstlerischen Gestaltung des Dämonischen mächtig gebliebenen Künstler. Hochbedeutend ist ferner die große Arie Ullers im zweiten Aufzug, die meisterhaft die ihn verzehrende Liebesleidenschaft und Herrschbegierde ausmalt. Den Höhepunkt dramatischer Wucht aber erreicht der Komponist in der großartigen Eingangsscene des dritten Aufzugs, in der Uller die Dämonen der Nacht um Hilfe gegen die Übermacht Hiarnes anruft.

Am 28. Januar 1858, abends um 8 Uhr 5 Minuten war das Werk vollendet. Auf Wien richtete sich Marschners Hoffnung einer baldigen würdigen Aufführung. Aber diese schöne Aussicht wie so manche andere zerrann. Auch in Hannover suchte Marschner natürlich eine Aufführung dieser

Oper durchzusetzen. Alle Bemühungen waren vergeblich, ein Umstand, der auf das Verhältnis zu seinem Chef, das sich mit der Zeit immer unerträglicher gestaltet hatte, nur nachteilig wirken konnte.

Da Marschner zudem durch Kränklichkeit doch nicht mehr im Vollbesitz seiner Leistungsfähigkeit und Berufstüchtigkeit war, hatte Graf Platen endlich Erfolg, als er im Frühjahr 1859 abermals um die Pensionierung des Hofkapellmeisters einkam. König Georg willigte ein, wenn er auch die Bitterkeit dieser Verabschiedung nach Kräften zu mildern bestrebt war und sich soweit als möglich die Dienste des von ihm so hochgeschätzten Künstlers erhalten wollte. In seiner Genehmigung vom 15. Mai 1859 heißt es: „Ich bin auch gern bereit, den Hofkapellmeister wegen seiner ausgezeichneten Stellung, die er in der musikalischen Welt als Tondichter einnimmt, bei seiner Pensionierung mit dem Titel eines ‚Generalmusikdirektors‘ zu begnadigen, einen Titel, den er vor sieben Jahren von mir erbeten. Dafür wünsche ich aber, daß, insofern es ihm nicht zu lästig sein wird, er ohne weitere Vergütung, so lange es seine Kräfte zulassen, er die Weberschen Opern und seine eigenen dirigiere, da die Tempi der ersteren ihm aus der Zeit, wo er als Konzertleiter zu Dresden unter dem unsterblichen deutschen Komponisten wirkte, gleichsam zur zweiten Natur geworden und dadurch den jüngeren Kapellmeistern in lauterster Reinheit vererbt werden können; und gleiches würde dann bei seinen eigenen Opern der Fall werden."

Und so wurde Heinrich Marschner am 16. August 1859 — zu seinem 64. Geburtstag — in einem höchst anerkennenden Schreiben mit dem Titel „Generalmusikdirektor" und einer Pension von 1400 Thalern unter dem Vorgeben, daß sein Gehör zu sehr gelitten habe, seines Dienstes enthoben.

Dies war der härteste Schlag, der ihn treffen konnte. Denn wenngleich das Leiden, das ihn mehrfach schon heimgesucht, zeitweise wiederkehrte, so waren der Trieb und die

Kraft zur Arbeit doch noch lebendig in ihm. Sie zu bethätigen, sollte er in Hannover nicht mehr viel Gelegenheit haben. Der König stand bald von seinem Wunsch betreffs des Dirigierens Weberscher Opern ab und über die Leitung seiner eigenen Opern geriet Marschner mit Platen in bittere Fehde.

Zunächst suchte er wenigstens noch die Aufführung seines: „Hiarne" durchzusetzen.

Als seine Bitte keine Berücksichtigung fand, reiste Marschner voller Unwillen im April 1860 ohne weitere Mitteilung an den Orchesterchef nach Paris, um dort persönlich eine Aufführung seiner Oper zu ermöglichen. Als ihn nach seiner Rückkehr Graf Platen auf die Verpflichtung hinwies, seine eigenen Opern zu dirigieren, antwortete Marschner am 26. September 1860 mit einem wirklich klassisch groben Brief, der den Abbruch aller Beziehungen zwischen den beiden Männern zur Folge hatte.

Platens Beschwerde und Bitte beim König, den Ex-Hofkapellmeister auf seine Pflicht verweisen zu wollen, legte der hohe Herr beiseite, ohne sie zu beantworten.

Im November 1860 reiste Marschner in weiterem Verfolg seiner Wünsche abermals nach Paris. Vorher — am 4. November — schrieb er noch einmal an seinen alten Freund Archidiakonus Schnell einen Brief, der uns sowohl über die Pariser Reisen interessante Aufschlüsse giebt, als auch wieder einen Blick in Marschners stets für das Wohl seiner Familie sorgsam bedachtes Herz thun läßt: „ . . . Ja, in drei Wochen schon glauben wir wieder in Paris zu sein und den Winter da zu verleben . . . Seit ohngefähr zwei Jahren schon vernahm ich von dort ein gewisses Munkeln über beabsichtigte Aufführungen meiner Opern, ja ich erhielt mehrfache Anerbietungen von französischen Schriftstellern und Dichtern, meine Opern zu übersetzen; so faßte ich den Entschluß, auf einige Wochen nach Paris (später am Rhein auf ein Gut) zu gehen und nebenbei zu forschen, was es denn

mit dem Gemunkel wegen meiner Opern auf sich habe . . .
Ich fand so viele Verehrer und Freunde und kam durch sie
in so viele Beziehungen, sogar in bedeutungsvolle Geschäfte,
daß mein Besuch in Paris, nur auf einige Wochen berechnet,
sich über vier Monate ausdehnte. Zu meiner neusten Oper
(die noch niemand kennt) fanden sich zwei bedeutende Dichter,
die Herren Ruittre und Duvivier und diese haben das
Werk bereits in der Übertragung ins Französische vollendet.
Um es nun auf die erste Opernbühne, die Academie impe-
riale in Paris zu bringen, bedarf es meiner Anwesenheit
daselbst und meines Besuchs beim Kaiser, der auch bereits
vorbereitet ist. Aber nicht die Eitelkeit, meine Werke in
Paris aufgeführt zu sehen, treibt mich zu solcher, immerhin
nicht billiger Auswanderung, sondern der Gedanke an reellen
Gewinn und die Hoffnung, damit mir und einst meiner
Witwe eine ergiebige Rente zu gewinnen. Denn du weißt
wohl, daß in Frankreich jeder Autor von jeder einzelnen
Vorstellung 10% Einnahme erhält und seine Witwe auch?!
Habe ich nun das Glück, zu reüssieren wie ich und meine
Freunde in Paris hoffen, dann — kann ich unbesorgt für
meine gute Therese den vorangegangenen Geliebten folgen
und mit Freudigkeit auf mein Thun in dieser Welt zurückblicken."

Nachdem Marschner noch am 27. November seinem Ver=
leger Kistner in Leipzig für die neue, sehr schöne Ausgabe
seines 1. Trios (Op. 29) gedankt und eine neue Komposition:
„Sechs Lieder und Gesänge für vier Männerstimmen"
(Op. 193) zum Verlag angeboten hatte, reiste er am 30. No=
vember 1860 nach Paris — ohne leider die so sehnlichst ge=
wünschte Aufführung seiner Oper „Hiarne" zu erreichen.

Er sollte, wie er befürchtet hatte, überhaupt nicht
mehr erleben, daß sein letztes Werk gegeben wurde. Der
ihm befreundete Kapellmeister Lachner in Frankfurt am Main
brachte die Oper nach dem Tode des Komponisten am
Frankfurter Stadttheater den 13. September 1863 zur erst=
maligen Aufführung. Wiederholungen fanden am 16. Sep=

tember, am 2. und 24. Oktober desselben Jahres statt, doch hatte das Werk wenig Erfolg und verfiel völlig der Vergessenheit, bis es am 7., 11. und 14. März und am 15. April 1883 am Hoftheater zu München aufgeführt wurde. Daß die dortige, sorgfältig vorbereitete, von Leben und Geist erfüllte Aufführung, mit Vogl als Hiarne und Reichmann als Uller, einen so günstigen Erfolg hatte, muß auch mit der vortrefflichen Bühneneinrichtung des Hofkapellmeisters Levi angerechnet werden. Durch eine die wichtigsten Handlungsmomente zusammendrängende Bearbeitung gelang es ihm bestens, die dramatische Wirkung des Werkes zu sichern und zu erhöhen.

Tief bekümmert und entmutigt wegen des Pariser Mißerfolges war Marschner nach Hannover zurückgekehrt. Auf eine dortige Aufführung unter Platen durfte er nicht mehr hoffen. Es ward dunkel um ihn.

Entzweit durch menschliche Schwächen mit seiner Tochter, von seinem ihm einzig gebliebenen Sohn Alfred durch Tausende von Meilen getrennt, lebte er jetzt still an der Seite seiner Gattin, die ihm die liebevollste Pflege zu teil werden ließ. Gnadenerweise seines königlichen Herrn, der ihm eine Schuldforderung der Kronkasse von 300 Thalern gegen die dem Hoftheater übergebenen Partituren erließ, ja der sogar, als der Meister die Originale trotzdem für sich in Anspruch nahm, dies gegen Abschriften gestattete, waren noch die einzigen Lichtblicke.

Wider seinen Willen zur Unthätigkeit verdammt, konnte Marschner dem bitteren Gefühl des Vergessenwerdens nicht lange widerstehen. Gar manchmal noch füllten sich freilich seine leidenden, von einem grünen Schirm beschatteten Augen mit Thränen, wenn er vom Fenster seiner am Theaterplatz Nr. 14 belegenen Wohnung aus, die Menge ins Theater strömen sah, wo jetzt fremde Geister herrschten. Doch mit des Jahres Rüste war auch dies Leiden aus. Brustwassersucht hatte sich eingestellt und am 14. Dezember 1861 abends

9 Uhr machte ein Schlagfluß Marschners Leben ein plötzliches Ende. Der Meister hatte ein Alter von 66 Jahren 3 Monaten und 28 Tagen erreicht.

Die am folgenden Tage erscheinende Bekanntmachung lautete:

„Todesanzeige.

Am Sonnabend, den 14. Dezember d. J. abends 9 Uhr, verschied infolge eines Schlaganfalls im 65. Lebensjahre
Heinrich Marschner,
Dr. phil. Königl. Hannoverscher Generalmusikdirektor
Hannover, 15. Dezember 1861
Witwe Therese Marschner,
geb. Janda."

279 Beileidsbriefe und Depeschen waren auf die Trauerkunde aus allen Gegenden Deutschlands und noch darüber hinaus eingelaufen, so berichtete am 28. Dezember 1861 die tiefgebeugte Witwe dem sich teilnahmsvoll erkundigenden treuen Freund Archidiakonus Schnell in Zittau und fährt fort: „Wenn es Ihnen Freude macht zu hören, daß der Selige vollkommen mit seinem Gotte einig war und er durch den raschen Tod, was kaum drei Minuten währte, die erflehte Gnade des Herrn empfing, so kann ich Ihnen damit den schönsten Trost geben."

Graf Platen, der dem verstorbenen Hofkapellmeister keine Feindschaft über das Grab hinaus bewahren wollte — ein den Charakter dieses Edelmannes ehrender Zug — fragte am 15. Dezember beim König an, ob das Hoftheater an diesem Tag geschlossen bleiben solle. Se. Majestät befahl die Abhaltung der Vorstellung.

Am 18. Dezember, am Geburtstage seines Freundes Carl Maria von Weber, an einem Regentage, der die Wege des Neustädter Friedhofes St. Andreae an der Langenlaube völlig erweicht und fast unpassierbar gemacht hatte, ward Marschner zur letzten Ruhe geleitet. Die Friedenspalme und des Ruhmes kalter Lorbeer schmückten seinen Sarg.

Eine ungezählte Menge folgte seiner Leiche. Am Grabe kam es zu einer großen Aufregung. Der amtierende Hilfsprebiger der Schloßkirche, hielt in seiner Gebächtnisrede dem Verstorbenen die Sünden vor, beren er sich nach strenggläubigen Anschauungen in seinem „irbischen Wandel" schuldig gemacht habe. Der Pastor betonte, daß es im Leben nicht auf Kunst und Wissenschaft, sondern auf ein gutes gläubiges Herz ankomme; er wolle annehmen, daß der Verstorbene ein solches Herz besessen habe. Massenhaft verließen bie Umstehenden unter fast lautem Murren vor Beendigung der Feier ben Friedhof.

Der arme Marschner! In seiner Kunst hatte er bas Unglück gehabt, baß ihn immer gleichzeitig wirkenbe stärkere Einflüsse zurück brängten; in seinem persönlichen Leben hatte er seit seiner Jugenb trotz eines lauteren, warm empfindenben Herzens nur zu oft unter Verkennung und Mißverständnis zu leiben und jetzt sollte ihm im Grabe noch das Mißgeschick werden, daß ein allzueifriger junger Geistlicher sich an ihm bie Sporen als „Zeuge ber Wahrheit" zu verbienen suchte. Friebe barum seiner Asche!

> „Den Toten Heil! — Aus einer finstern Welt,
> Die ohne Wohllaut ist unb ohne Frieden,
> Gehn sie. — Klagt nicht zu sehr, baß nichts sie hält,
> Nichts mehr sie mahnt an Qual unb Schmerz hienieden.
> O laßt sie ziehn! — Brecht einen Lorbeer! — Gebt
> Zum Abschieb ihnen Blumen, Kränze, Lieber —
> Blickt auf unb jubelt; seine Seele schwebt
> ‚Frei wie bes Ablers mächtiges Gefieder!'"
>
> (Robenberg.)

Strenggläubig im kirchlichen Sinn konnte man Marschner allerbings nicht nennen, ob er aber beshalb eine berartige — Leichenrebe verbiente, wie sie ihm zu teil warb, mag — ganz abgesehen von seinem ausgezeichneten Familienleben — der Leser selbst entscheiden, nachdem er ein Glaubensbekenntnis biefes Mannes gelesen hat, ber in einer Zeit aufgewachsen war, in der von fast allen Kanzeln der flacheste Rationalismus verkündet wurde. Wir finden es in einem Briefe Marschners an seine vertraute Freundin Adelheid von Baumbach vom 24. Februar 1859: „Freude an echter Kunst und Interesse an Wissenschaft sowie an der Natur macht Geist und Herz gesund und scheint mir echte wahre Tugend, die Gott gefällig sein und einzig und allein in den Himmel führen muß, denn sie allein läutern das menschliche Herz und geben schon auf Erden einen Vorgeschmack des Himmels, der schließlich wohl uns allen beschieden sein wird; denn Gott ist die Liebe... Glauben Sie mir, auch ich bin fromm. Meine Frömmigkeit besteht in dem Streben, alles zu meiden, was Gott mißfällig sein und gegen die christliche Moral und Liebe verstoßen könnte; nicht aber darin, in allem und jedem, was uns auf Erden trifft, Gottes besondere Einwirkung zu sehen; für alles Gute ihm herzlich zu danken, für die mich treffenden Übel aber ihn nicht verantwortlich zu machen, oder dieselben als seine Bestrafungen zu betrachten, was ich für Blasphemie, also für die größte Sünde halten müßte!"

Neben seiner geliebten Marianne inmitten seiner Kinder fand Marschner seine letzte Ruhestätte.

Gleich nach Marschners Tode begannen die Unterhandlungen wegen eines Denkmals. Platen selbst stellte die Wahl der Zeichnung eines Grabmonumentes der Witwe anheim. Dieselbe wählte eine von Professor Hartzer entworfene Bronzebüste, die als ein Erinnerungszeichen der Dankbarkeit seiner Freunde und Verehrer auf Marschners Grab aufgestellt wurde.

In demselben Jahre noch siedelte Frau Marschner nach Wien über, wo sie Lehrerin am Konservatorium wurde, dessen Schülerin sie früher gewesen war. Sie verheiratete sich noch einmal und zwar mit dem Komponisten Otto Bach, dem Direktor des Mozarteums in Salzburg, und starb im Jahre 1884. Ihre Tochter Käthe Bach folgte 1887 einem Enkel Marschners als Gattin nach Amerika.

Bald nach dem Hinscheiden des Meisters am 30. Dezember 1861 hatte auch ein Komitee, an dessen Spitze der frühere Ministerpräsident Graf Bennigsen und die derzeit in Hannover wirkenden Joachim und Spielhagen standen, einen Aufruf zu Beiträgen für ein großartiges Marschner-Denkmal in Hannover erlassen. Doch gelang es erst 1872, neuntausend Thaler für das Denkmal zusammenzubringen, das dann von dem Bildhauer Professor Hartzer in Berlin entworfen und ausgeführt, am 11. Juni 1877 auf der Promenade vor dem Königl. Theater in Hannover enthüllt wurde. Auf einem Sandsteinpostament vom Baurat Köhler steht Marschners Bronzestatue in weihevoller Stellung, das Auge verklärt, als ob er die aus seinem Innern aufsteigenden Töne festhalten wolle, mit zwei seitlich des Postaments sitzenden Figuren der lyrischen und dramatischen Musik. Am Abend des Enthüllungstages wurde im Hoftheater „Templer und Jüdin" aufgeführt, woran sich ein Festkommers schloß.

Auch in der Vaterstadt Marschners suchte man durch ein Denkmal die Erinnerung an das irdische Teil des Komponisten im Gedächtnis der Menschen festzuhalten. Sonntag den 30. September 1888 wurde es in feierlicher Weise enthüllt. Auf dem aus Granit und poliertem Syenit gefertigten Sockel erhebt sich die bronzene Großbüste des Tonmeisters. Die Vorderseite des Denkmals trägt die Inschrift: „Heinrich Marschner 1795—1861." Darunter sind auf Musik und Theater bezügliche Embleme aus Bronze angebracht. Auch schmückte man Marschners Geburtshaus, Reichenbergerstraße 5, mit einer kleinen grauen Marmor-Gedenktafel, die in goldenen Lettern folgende Inschrift trägt:

In diesem Hause
wurde
Heinrich Marschner
am 16. August 1795
geboren.

Am 16. August 1895, zur hundertjährigen Wiederkehr von Marschners Geburtstag, hat man überall in ganz Deutschland dieses Tages gedacht und dem Andenken des großen Meisters frische Lorbeerkränze geweiht. Mächtige Guirlanden umwanden sein Denkmal in Hannover. Die Hannoveraner haben ihren Marschner noch nicht vergessen. Auch die Stadt Zittau blieb nicht in der Feier ihres großen Sohnes zurück.

Von all den vielen Orten, die zur Feier dieses Tages Marschners Opern aufführten, wollen wir nur noch Leipzig erwähnen, wo der „Vampyr" und „Hans Heiling" mit Schelper gegeben wurden und die Reichshauptstadt, die auf ihrer Königl. Bühne den Tag mit dem „Vampyr" mit Bulß in brillanter darstellerischer wie orchestraler Ausführung feierte.

Marschner hat auf allen Gebieten der musikalischen Komposition gewirkt; die Zahl seiner zum Teil sehr umfangreichen Werke beträgt 195. Besonders hervorzuheben sind noch seine „Hebräischen Gesänge" von Byron und die „Altdeutschen Dichtungen", ferner die Kompositionen zu „Frühlingsliebe" von Friedrich Rückert, welche sich alle durch ihr treffendes Kolorit, poetische Auffassung und Originalität auszeichnen. Seine Lieder für Singstimme mit Klavier (die bekanntesten: „Liebchen wo bist du?" — „Der Himmel im Thale" — „Ja du bist mein") werden nur noch selten gesungen. Seine einfachen Weisen wurden durch die Kompositionen eines Schubert, Schumann und Mendelssohn verdrängt. Weiter zurück stehen noch seine Kompositionen für Instrumental- und Kammermusik, obgleich auch sie viele Schönheiten enthalten. Wir erwähnen davon zwei Quartette für Pianoforte und Streichinstrumente (Op. 36 und 158), sieben Trios für Pianoforte, Violine und Violoncell (Op. 29. 111. 121. 135. 138. 148.), neun Sonaten für Pianeforte (Op. 6. 24. 33. 38. 39. 40.) ꝛc. Dauernden Wert dürfen Marschners Männerchöre beanspruchen, da sich gerade in ihnen auf das Entschiedenste der nach allen Richtungen die Volksempfindung belebende Geist des Komponisten ausspricht. Nicht nur atmen sie zum Teil einen kräftigen, durch und durch gesunden Humor, auch die ernsteren Sachen, Lieder zum Lobe des Vaterlandes, zur Verherrlichung des Gesanges sind in ihrer edlen Einfachheit und würdigen Schönheit Mustertypen. Der Künstler stimmt gediegen mannhafte Töne an, wie sie des besungenen Gegenstandes würdig sind. Man braucht in dieser Beziehung nur an das herrliche kraftstrotzende Lied: „Frei wie des Adlers mächtiges Gefieder" zu denken, das stets eine Zierde des deutschen Männergesanges bleiben wird.

Historisch ist die Bedeutung des Komponisten auf dem Gebiete der Oper. Hier ist Marschner groß durch die seiner künstlerischen Individualität eigentümliche Thätigkeit. Allerdings haben wir ihn als Erben von Webers Stil zu betrachten. Marschner war Webers begeisterter Anhänger und Bewunderer, aber schon Wagner warnte richtig davor, in ihm etwa nur einen Nachahmer Webers zu sehen. Sein großes Talent schritt selbständig auf der Bahn weiter, die Webers Genie erschlossen hatte. Wenn wir trotzdem mannigfache Anlehnungen an sein berühmtes Vorbild finden, so ist dies in erster Linie wohl nur einer gewissen Lässigkeit seiner Produktionsweise zuzuschreiben, die sich nicht die Mühe nahm, fremde Anklänge zu vermeiden und durch eigene Erfindung zu ersetzen. Marschner hätte sich durch ein sorgsames Überarbeiten seiner Schöpfungen in hohem Maße den Vorwurf fremder Anleihen ersparen können. Aber wir haben gesehen, wie er der Inspiration des Augenblicks vertrauend, seine Werke mit größtmöglichster Schnelligkeit vollendete — und nur schwer war er dann zu Änderungen zu bewegen. Seine Abneigung, lange zu prüfen, zu wählen und zu feilen gesteht er selbst einmal in einem Briefe an Devrient gelegentlich der Komposition seines „Heiling" zu: „Bessern ist gut, zu viel Feilen oder Schnitzen verdirbt oft mehr, als es nützt." Daher auch die vielen Flüchtigkeiten, die uns heutzutage an seinen Werken auffallen. Dessenungeachtet wird Marschner, von dem drei seiner Opern — „Vampyr", „Templer" und „Heiling" — lebensfähig geblieben sind (im Hinblick selbst auf die Erzeugnisse der berühmtesten Tondichter verhältnismäßig viel) für alle Zeiten in der Geschichte der Musik einen selbständigen Platz behaupten. Von seinen volksliebmäßigen Gesängen und humorvollen Weisen, welche überall Marschners künstlerische Verwandtschaft mit der Volksseele erkennen lassen, bis zu den gewaltigen, an dramatischer Wucht kaum-zu überbietenden und doch die Gesetze des Musikalischen nicht zersprengenden Arien des „Vampyr" und „Heiling" zieht sich die Stufenleiter einer reichen originellen Erfindungs- und Gestaltungskraft. Auch hat Marschner ein für die Fortbildung der Oper nach der dramatischen Seite hochbedeutsames Element durch Loslösung der die Situation psychologisch erklärenden Scene von der Arie, wenn auch erst nur noch wie zufällig und auf äußere Anregung hin zur Geltung gebracht. Richard Wagner war es vorbehalten, die große Scene systematisch auszubilden und zu einer ungeahnten Höhe zu bringen. Aber zu ihn führte der Weg von Weber über Marschner. Der Übergangszeit angehörend, in der ein neuer Geist der musikalischen Entwicklung nach neuen Formen für seine Bethätigung rang, gilt Marschner als einer der Bahnbrecher der neuen Richtung, die die Musikbühne zu einem Träger der volkstümlichen nationalen Kultur machte.

Von dem Menschen Marschner haben wir, Dank Rodenberg, der ihm als Freund nahestand, auch ein schönes Bild, das der folgenden Schilderung zu Grunde liegt. „Hochgebildet, ungemein belesen und von schlagfertigem Witz, war er im Publikum ebenso beliebt, als in gewissen Sphären gefürchtet oder verdächtigt. Denn keineswegs wie so viele seiner Fachgenossen, auf das musikalische Gebiet beschränkt, war ihm vielmehr etwas Universelles eigen. Er interessierte sich namentlich für Politik und Tagesgeschichte, machte kein Hehl aus seiner liberalen Gesinnung und kritisierte Personen und Dinge zuweilen mit scharfem Spott. Manches seiner gepfefferten Worte ging um in Hannover, nicht immer zum Vergnügen desjenigen oder derjenigen, die es traf." Marschner konnte recht boshaft sein, was ihn freilich auch wieder manchen Unannehmlichkeiten aussetzte. So geriet er auch mit Albert Niemann aneinander. Aber seine Geltung war unbestritten. Er wurzelte, seit 1831 in Hannover thätig, zu fest in der öffentlichen Meinung, als daß man ihm ernstlich etwas hätte anhaben können. Am 1. Januar 1857 gab die Stadt Hannover ihrer Verehrung für Marschner dadurch Ausdruck, daß sie den um die Pflege der heimischen Kunst so sehr verdienten Mann zu ihrem Ehrenbürger machte.

Man hat Marschner zu Unrecht maßloser Eitelkeit beschuldigt. Seit vielen Jahren an die Berühmtheit gewöhnt, war er wohl empfänglich für jede dargebrachte Huldigung, ja auch hart, wo er auf Renitenz stieß, aber wir dürfen ihm wohl glauben, wenn er selbst sagt: „Haltet mich nicht für eitel, wahrhaftig ich bin es nicht; wenigstens viel weniger als die heutigen Lichter der Welt, die gar oft des Schneuzens bedürftig wären, um etwas heller zu leuchten." Im Amte war er ein strenger Herr und hat die hannoversche Oper zu einer hohen Stufe der Vollendung geführt. Wo die Mittelmäßigkeit sich über ihre Grenzen wagte, wies er sie schroff zurück und hat sich dadurch in seinem eigenen Orchester mehr als einen Feind gemacht. Man erzählt sich — als Beispiel — folgende Geschichte: Eine Passage wurde einst von einem Flötenspieler, der sich viel auf seine Virtuosität einbildete, mit unglaublichen Variationen und Verzierungen zum Vortrag gebracht. Marschner giebt sofort mit dem Taktstock das Zeichen, inne zu halten, schlägt die Hände über dem Kopfe zusammen und ruft jammernd aus: „Es ist doch schrecklich, was ich manchmal für Unsinn zusammenschreibe. Ich bitte Sie bringend, bester Freund, korrigieren Sie mir doch meine Dummheit, indem Sie die Passage so blasen." Und damit schrieb er dem Flötisten die Stelle auf ein Stück Papier genau so wie sie in der Partitur und natürlich auch in der Flötenstimme geschrieben stand. Der „beste Freund" verwandelte sich freilich durch die ebenso scharfe als witzige Zurechtweisung in den schlimmsten Feind. „Aber die meisten und die besten ordneten sich willig einem Führer unter, der bei jeder Gelegenheit ihr Interesse wahrnahm, von oben her in den Dienst sich nicht breinreden ließ, stolz gegen die Großen und leutselig gegen die Kleinen war. Den sächsischen Dialekt, den er, der geborene Zittauer, niemals ganz ablegte, gab ihm etwas Gemütliches, was dem steifen hannoverschen Wesen gegenüber angenehm auffiel; und seine Korpulenz war von der Art, die das eigene Behagen nicht störend, das des anderen fördert. Kein besserer Gesellschafter als er. An der wohlbesetzten Tafel mußte man ihn sehen, wenn er mit erprobter Kennerschaft die feinen Weine kostete. Dann leuchtete sein Humor, dann strömten ihm aus unerschöpflicher Fülle die guten Geschichten und Anekdoten, in deren Erzählen er ein eben solcher Meister war wie in seiner Kunst. Zugleich bemerkte man in seiner Unterhaltung, seinen Urteilen den akademisch Geschulten, der es liebte, sich hier und da mit einem klassischen Citat zu schmücken. Alles in allem nicht nur eine bedeutende, sondern auch höchst sympathische Persönlichkeit."

Außer den schönen Beziehungen, in denen Marschner, wie wir aus seinen Briefen ersahen, stets zu seiner Familie stand, ist namentlich das Verhältnis des Sohnes zu seiner Mutter rührend. Noch in ihrem Sterbejahre 1835 erzählte die betagte Frau einem Besucher, der sie nach ihrem Heinrich gefragt und den sie hinauf in ihr einfaches Stübchen geführt hatte, mit Stolz von ihrem Sohne. Auf einen Epheustock zeigend, sprach sie: „Sehen Sie, dieser alte Epheu hier, den habe ich schon manches Jahr und freue mich an seinem Grünen und Wachsen. Mein Heinrich brachte ihn vor Jahren vom Oybin mit und pflanzte ihn ein, weil er wußte, daß ich ihn liebte. Er war immer ein guter Sohn und hat mich oft getröstet, manche trübe Stunde mir durch seine Heiterkeit und seine drolligen Einfälle aufgehellt. Als er noch klein war, freute er sich, wenn ich spann, aber nur am Rocken sollte ich spinnen, das Schnurren des Rädchens mochte er nicht leiden.

„Er hat mir später gesagt, daß er bei dem Liede in ‚Hans Heiling‘: ‚Des Nachts wohl auf der Haide‘ meines Stübchens gedacht habe.

„Er unterstützt mich jetzt. Was sollte ich ohne meinen Sohn anfangen? Vor zwei Jahren kam er meinetwegen hierher. Er schreibt mir oft und schickt mir Sachen, von denen er weiß, daß sie mir lieb und nützlich sind."

Ja, Marschner hat wirklich wie ein rechter Sohn an der alten, einsamen, verlassenen Frau gehandelt und dieser schöne Charakterzug rückt ihn unserem Herzen noch näher. Wir sehen, Marschner war nicht bloß ein großer Künstler, sondern auch ein edler Mensch voll echt deutscher Gemütsinnigkeit.

Und die Monumente, die ihm das dankbare Volk errichtet und zu seinem hundertjährigen Geburtstag mit frischen Lorbeer geschmückt hat, beweisen, daß Deutschland seines großen Sohnes nicht vergessen wird.

Ende.

Inhaltsverzeichnis.
(Heinrich Marschner.)

	Seite
Vorwort	5
Einleitung	6
Kindheit und Jugendzeit 1795—1816	9
Marschner in Ungarn. — Erste und zweite Ehe. — Erste Beziehungen zu Weber. — „Heinrich IV. und b'Aubigné." 1817—1821	20
Dresden. — „Der Holzdieb." 1821—1826	30
Marianne Wohlbrück. — „Vampyr." — Leipzig. — „Templer und Jüdin." — „Falkners Braut." 1826—1830	34
Hannover 1831—1861. — „Hans Heiling." Kunstreise nach Kopenhagen	55
„Das Schloß am Ätna." — „Baebu." — „Adolf von Nassau."	74
Familienleben. — „Austin." — Mariannens Tod	86
Therese Janda. — „Sangeskönig Hiarne." — Pensionierung. — Tod. — Jubiläum	98
Schluß: Der Künstler und Mensch	112

www.ingramcontent.com/pod-product-compliance
Lightning Source LLC
Chambersburg PA
CBHW031353160426
43196CB00007B/803